自然而然生活，
自如其然生长

——幼儿园劳动教育实践

洪黛珊 著

厦门大学出版社　国家一级出版社
XIAMEN UNIVERSITY PRESS　全国百佳图书出版单位

图书在版编目（CIP）数据

自然而然生活，自如其然生长 ：幼儿园劳动教育实
践 / 洪黛珊著. -- 厦门 ：厦门大学出版社，2024.12.
ISBN 978-7-5615-9619-7

Ⅰ. G613.3

中国国家版本馆 CIP 数据核字第 20247UR702 号

责任编辑　林　鸣
美术编辑　李夏凌
技术编辑　许克华

出版发行　厦门大学出版社
社　　址　厦门市软件园二期望海路 39 号
邮政编码　361008
总　　机　0592-2181111　0592-2181406(传真)
营销中心　0592-2184458　0592-2181365
网　　址　http://www.xmupress.com
邮　　箱　xmup@xmupress.com
印　　刷　湖南省众鑫印务有限公司

开本　　720 mm×1 020 mm　1/16
印张　　9.75
字数　　130 千字
版次　　2024 年 12 月第 1 版
印次　　2024 年 12 月第 1 次印刷
定价　　68.00 元

序　自然中的儿童劳动

　　华南农业大学幼儿园，以其独特的生态环境和教育理念，为儿童提供了一个理想的成长空间。这所幼儿园拥有近30亩校园面积，不仅给儿童提供了足够的活动空间，还创造了一个与自然和谐共生的学习环境。

　　在这样一个广阔的天地里，每个儿童都能享受到平均40平方米的个人活动空间。这意味着他们可以在这片土地上自由奔跑、尽情玩耍，释放童年的天性。而高达80%的植被覆盖率，更是为儿童打造了一个绿色、清新的生活空间。他们可以在这里呼吸新鲜的空气，感受大自然的魅力，体验与大自然亲密接触的乐趣。他们在自然环境中自由探索、发现，使创新思维和实践能力得到发展。

　　儿童在自然中的劳动既是对生活的热爱，也是对成长的表达。在幼儿阶段，儿童正处于对世界充满好奇和探索欲望的时期。他们的劳动，无论是帮忙收拾玩具、参与家务活动，还是进行手工制作，都是他们积极投入生活，与世界互动的方式。这种劳动不仅仅是完成一项任务，更是他们表达对生活的热爱和享受劳动过程的一种方式。

　　通过劳动，幼儿能够学习到责任感、独立性和合作精神。他们开始理解，每个人都是家庭和社会的一分子，都应该为共同的生活环境做出贡献。这种贡献不仅让他们感受到自己的价值，也让他们更加珍惜和热爱生活。

　　此外，劳动还能促进幼儿的身心发展。在劳动过程中，他们需要运用自己的身体和思维，这有助于培养他们的动手能力、观察力和创造力。同时，劳动也是一种放松和调节心情的方式，可以让幼儿在忙碌和快乐的氛围中释放压力，感受生活的美好。

因此，我们应该鼓励幼儿参与劳动，让他们从小就养成良好的劳动习惯。同时，我们也要关注他们在劳动过程中的体验和感受，给予他们足够的支持和鼓励，让他们在劳动中感受到成长的快乐。

同时，华南农业大学幼儿园还注重培养儿童的团队协作精神和沟通能力。幼儿园组织各种户外活动和集体游戏，让儿童在互动中学会合作、分享和倾听。这种教育方式有助于培养儿童的社交技能，为他们的未来发展奠定坚实的基础。

总之，华南农业大学幼儿园以其广阔的校园、丰富的自然资源和独特的课程模式，为儿童提供了一个充满乐趣和挑战的成长环境。在这里，儿童可以充分发挥自己的潜力，实现全面而健康的发展。

李思娴

2024 年 5 月

华南农业大学幼儿园创办于 1958 年，至今已有六十多年的历史。随着国家学前教育改革的不断推进，这所老园与时俱进，焕发着活力。不变的是，幼儿园始终秉持以自然生态环境和真实生活浸润儿童与教师的理念。从 2008 年开始，我带领团队自上而下地推动园所环境改革，用心打造幼儿园每一处环境，旨在将真实的自然生态环境融入儿童的生活。

在教育的广阔天地中，环境作为一个不容忽视的重要因素，其地位与作用日益凸显。我们深知，环境不仅是课程的背景，更是课程的顶层设计，它承载着多维度、多视野的教育元素，为儿童提供了丰富多彩的学习体验。儿童作为教育的主体，是积极的实践者、探索者和学习者。他们的学习过程并非被动地接受知识，而是通过直接感知、亲身体验和动手操作，与环境中的人、事、物进行互动，从而习得经验，逐步成长。因此，为儿童提供有准备的环境——适宜并支持其发展的环境——就显得尤为重要。这样的环境不仅能为儿童提供高质量的课程，还能激发他们的学习兴趣，培养他们的探索精神和实践能力。环境是客观的，它不会受到教师个人主观因素的影响。这使得环境在教育中扮演着弱化说教痕迹的角色，为教师开展活动提供了有力的切入点。同时，环境也是丰富的。它包含了各种自然元素、人文景观、科技设施等，为儿童提供了更多自主和自由的空间。儿童可以根据自己的兴趣和需要，在环境中自由探索、发现和创造。如何让儿童与环境产生更深层次的连接？劳动是最有效、最直接获取经验的途径。儿童在躬亲力行的劳动实践中接触外部世界，与环境建立联系，了解自我在生态圈中的位置和关系。儿童从环境中获得自我发展的经验，反之，作为新生力量的儿童，也通过劳动反哺环境，为环境做出自己的贡献。

生活本身是极其美好的，它既需要拥有自由流动的时间和空间，也需要有一个能够让儿童自主发展的氛围。在这样的背景下，劳动时间的合理安排就显得尤为重要。儿童在成长过程中，做事的节奏与成年人不同，他们不需要被催促，反而需要更多的时间和空间去适应与体验。只有当他们能够真正慢下来，才能在轻松自然的状态下逐渐培养内在的自觉性和自律性。这就像自然界的二十四节气一样，每个阶段都有它特定的规律和节奏，需要我们尊重和遵循。儿童拥有充足的时间去探索周围的世界，这对于他们的成长至关重要。他们可以自由地开启自己的状态，从苏醒到自在，再到自主地行动起来。在这个过程中，他们会尝试各种方法，不断实践、验证，以解决问题并提升自我。这种稳定而有规律的劳动，不仅能帮助他们建立起良好的生活习惯，还能激发他们的内在生长力与活力。只有这样，他们才能在不慌不忙中逐渐成长，并展现出自己的独特魅力。

作为一名幼儿园园长，提炼劳动教育实践经验，难度确实不小。但是面对迭代更新的时代及儿童发展需求，推动着我做这件有意义的事。我们试图将华农幼儿园数十年的劳动教育实践经验进行梳理和总结。书中不仅详细描述了我们的实践做法，也展现了幼儿生动的劳动实践样态以及教师在其中的角色定位和支持。我们希望通过这本书，为广大同行和读者提供一种新的视角与理念，启发大家对于劳动教育的更多思考。当然，我们也深知自己的认知和水平有限，书中难免存在疏漏和不当之处。因此，我们恳请广大同行和读者提出宝贵的意见和建议，帮助我们不断完善和进步。

本书的完成，得益于相关领导、专家及同行的关心、帮助与支持。感谢华南农业大学的领导，为华农幼儿园提供了宽广的空间和大量的支持，让这所藏于校园里的幼儿园拥有得天独厚的教育资源。感谢华南师范大学教育科学学院李思娴教授多年来持续的支持、无私的帮助和专业的指导。环境资源的基础，专业力量的加持和团队每位成员的付出，共同成就了华农幼儿园劳动教育体系的架构和每个幼儿幸福难忘的童年。

最后我想说，儿童的劳动及劳动教育并不是我们的最终目的，更重要的是，我们期待儿童能在劳动和生活中形成一种积极的生活态度，获得持续创造美好生活的能力，并把这种能力贯穿一生，陪伴儿童抵达自己的远方！

洪黛珊

2024 年 4 月

目　录

第 1 章

儿童的劳动

1.1　日益减少的劳动机会

21 世纪的今天，因儿童的劳动机会日益减少和被忽视而产生的种种问题逐渐浮现，伴随而来的是整个社会对儿童生活和成长的担忧。身处知识经济时代，我们缺的不是知识，而是获得知识的能力，而劳动恰恰是一个发展综合能力（如学习能力、生活能力、社交能力等）的重要途径。然而，无论城市还是农村的儿童参与真实劳动的机会都日渐减少，其中的原因值得我们关注。首先，儿童劳动机会的减少是伴随着一种"成绩至上"导向，即对儿童的关注更多是学业成绩上的。当下父母"重智轻劳"，更重视儿童的学业成绩，剥夺了儿童参与劳动的权利，导致儿童极少能参与劳动。其次，儿童热爱的玩耍场地的缺失直接导致了劳动机会的缺失。随着钢筋水泥式的工业化、城市化的推进，生活在城市的儿童接触大自然的机会变得更少了，儿童缺少亲近自然的劳动体验，自然就"四体不勤，五谷不分"。而偏远农村地区的儿童不缺劳动场地，但资源种类的单一，对资源的挖掘、利用不够，也直接影响了参与劳动的形式和内容。最后，人们对劳动的认识停留在浅表层面上，认为"劳动就是体力劳动"，导致劳动教育的地位淡化、弱化和边缘化，这种观念的偏差也严重限制了儿童在生活中参与劳动的自由。

1.2　劳动在儿童生活中的地位

儿童作为生活的主体，是生活的承担者与创造者。[①]劳动对儿童的当下现实生活和未来长远生活都具有重要的意义。劳动与生活相融，儿童从真实的生活情境出发，积极主动地发现并解决日常生活中的问题，获得与劳动有关的知识、技能和习惯，帮助儿童实现自主生活、自主成长。除此以外，日复一日，稳定而有规律的劳作潜移默化地将儿童的自发性劳动意识转换为自觉性劳动素养。

基于儿童生活的劳动应是生动的、真实的、综合的。对儿童来说，劳动应该让儿童有尽可能多的感觉、愿望和行动的空间。因此，我们需重视儿童的创造性劳动，为儿童提供自由创造的空间，启发儿童思考，引导儿童在劳动中运用智慧创造美好生活（见图 1.1），感受劳动的价值与意义。

图 1.1

儿童插花装饰自助餐桌

---

① 贺红芳 . 与孩子们共同生活：幼儿教育的原点［J］. 科教导刊（下旬），2015, 240（24）：130–131.

草坪上掉落的紫荆花成为孩子眼里珍视的绝美之物，他们小心翼翼捧着落花带回班上，插在花瓶里，为迎接期待已久的自助餐……

——摘自一位教师的描述

我们看到，儿童在劳动中充分展示着自己对美的感受与理解，自由创造着生活中的美，逐步形成了热爱生活、积极生活的态度和样貌。

1.3　对儿童劳动的愿景

我们希望儿童通过劳动重构自我的幸福生活，发展丰富的内心世界。哲学家休谟说："正是劳动本身构成了你追求的幸福的主要因素，任何不是靠辛勤努力而获得的享受，很快就会变得枯燥无聊，索然无味。"儿童正是在这种持续、动态的真实情境中体验劳有所获的幸福感，形成积极的劳动观念和正确的劳动价值观。我们教儿童做菜，既不是为了那盘美味的菜，也不只是传授具体实用的生活技能，更多的是培养他们积极的生活态度。我们希望教儿童如何从劳动中体验生活的乐趣，培育一种"新生活"方式，让儿童获得持续创造美好生活的能力，重构自我的幸福生活。另外，儿童的劳动不是一味地动手、一味地艰辛，它是人与人、人与事物、人与世界的充分接触。儿童经由动手劳作，去理解这个世界，理解环境，理解关系，进而发展丰富的内心世界。

1.4　为儿童提供真实的劳动空间

为儿童提供真实的劳动空间是十分有必要的。当下，互联网技术日新月异，虚拟空间盛行，电子产品发展迅速，或许能为儿童的劳动体验提供一种新途径，使他们不需要经过复杂的流程就能习得相关经验。但是，这样儿童无法充分调动自己的身体和感官，进行真实的劳动体验，只是在屏幕前操作，这不是我们想要的，这也不是儿童所需的。首先，真实的劳动空间一定是与儿童的生活和大自然连接的，儿童在真实的情境中躬亲实践，获得丰富的劳动体验。真实的劳动能将儿童引入更广阔的大自然，儿童在自然中劳动，探索并发现更广袤的世界，并获得成就和能量，持续性给予自己活力和动力，为自我发展赋能。其次，比起环境上的延伸改变，时间上的调整更具有挑战。真实的劳动把大段的时间交由儿童，慢下来做好一件事，在悠闲的时光里感受劳动的过程。最后，更重要的是，良好人文关系的形成是劳动空间和情境中的另一重要特征，对于3～6岁儿童来说，更是社会属性发展的关键时期。儿童正是在真实的劳动情境中，逐渐明确并建立自我的身份认同，理解自我在社会中的位置，最终与周围的人和事建立良好的人文关系。

1.5　教师的角色

教师在提供和丰富儿童劳动实践机会方面，发挥着决定性的作用。他们通过改造环境、评估投放材料、观察研究儿童表现来发现、满足和支持儿童的劳动与需要，并在儿童身边提供必要的支持和帮助。教师的角色绝不是生硬地传授劳动知识，而是"唤醒者"，是作为某种刺激性条件，将儿童已有的内在劳动驱动力激发出来，从而让儿童在亲力亲为的劳动实践中和自主探索中感知、体验和发现，最终实现自主成长和发展。

教师可以借助生活中和自然中的环境与材料创造丰富多样的劳动环境，具体的实践则交给儿童。这是一种极好的拓展现有劳动实践或创新劳动实践的持续性做法。普吕·沃尔什（Pure Walsh）认为，对物理环境进行微妙的改变能够创造新的体验和挑战，从而激发儿童的持续探索和发现。① 因此，教师可以在儿童劳动过程中，根据他们的发展水平、能力和兴趣等因素，对劳动环境进行进一步改造，提供或加入具有层级性、挑战性、差异性的劳动材料或刺激，以延续儿童积极参与劳动的意愿和兴趣。

在日常的劳动实践活动中，教师通常是在一旁观察儿童的劳动，不干扰他们，鼓励并认同他们所做的事情。必要的时候，教师需要一起加入儿童的劳动，与儿童进行有意义的谈话和互动（见图 1.2），一起讨论生活中遇到的难题，引导儿童在劳动中实现从动手实践到语言表达的转换，促进儿童高阶思维能力的提升和发展。

图 1.2 教师与儿童一起观察，谈论植物的生长变化

---

① 沃尔什. 幼儿园户外游戏环境创设 [M]. 侯莉敏，等译. 北京：中国轻工业出版社，2022：12.

1.6　家庭和社区的支持

　　幼儿园是儿童开展劳动实践的主要阵地，而家庭和社区在拓展和延续儿童劳动空间方面也起着至关重要的作用。家庭和社区环境为儿童提供了更广阔、更丰富的资源，赋予他们劳动的自由，创造更多劳动实践机会。在这样的环境下，儿童能够充分地探索、发现和体验，其劳动的可能性也随之大大增加。同样地，儿童可以从周边的人、事、物中获取新的想法和动力，然后将自己习得的知识、技能回馈给家庭和社区，为家庭和社区发展贡献力量。儿童在家庭和社区参与劳动实践时，可以观察到各种各样的劳动角色，从而模仿并付诸行动，在家庭和社区中构建人与人、人与更广泛社会之间的联系。儿童为社区做贡献，其最终目的并非在于他们所做事情的数量和效果，而是希望在反哺社区的实践过程中，他们能主动关注社会现象和问题，树立积极的社会观念，养成良好的行为习惯，提升世界公民意识，成长为富有社会责任感的人。

　　家庭和社区对儿童劳动的支持，能让儿童充分接触生活周围的人和事，进而理解环境和生活的核心要素。或许我们可以从以下几个角度来思考，从而建立儿童劳动与家庭、社区的深度联结：

◆ 为儿童提供一幅社区地图，让他们全面感知和接触社区环境，理解并探索其中的劳动元素，增强对社区环境的责任感和归属感，进而依据自身需求参与劳动实践；

◆ 提供相对独立且开放的空间和场地，促进儿童在劳动过程中的互动与交流；

◆ 围绕不同的劳动角色，设置社区志愿者岗位，为儿童树立可供学习的劳动榜样；

◆社区定期组织开展劳动实践活动，丰富儿童的劳动体验；

◆社区配备充足且适合儿童使用的劳动工具和材料，供儿童操作；

◆家长和儿童共同参与社区劳动。

1.7 特殊儿童的需要

劳动空间和机会是为所有儿童准备的。我们要为儿童营造一个富含丰富感官刺激的劳动环境，这在很大程度上能够激发特殊儿童的兴趣和内在潜能。在这样的环境中，特殊儿童可以充分地释放自我，与外部世界展开交流互动，并更具创造性地适应、利用和改造劳动环境。

在全纳性的劳动环境中，大自然扮演着重要的角色。首先，自然对特殊儿童有着疗愈功效，他们置身大自然中可以放松自己，与自然事物直接互动，进而形成健康积极的心理状态。其次，个性化的时间支持不可或缺。由于特殊儿童发展水平各不相同，我们要给予他们充足的时间，允许每个儿童按照自己的节奏生活。每个儿童都有自己的个性化时间节律，如此特殊儿童可以拥有平等的与同龄人互动的机会。他们可以通过观察其他儿童的实践进行模仿学习，这是绝佳的学习机会。不过，在这个过程中特殊儿童可能会感到压力或不适，这时成人的接纳就和环境一样重要。成人要及时关注他们的心理状态，必要时给予疏导和支持。另外，可以提供大量的开放性材料和工具。这些材料可以满足不同发展水平的儿童需求，为他们提供"最近发展区"的刺激和挑战，助力儿童逐步提升自己的水平。

第 2 章

让劳动真实发生
——劳动教育环境的创设

2.1　劳动教育环境的创新

环境的创设具有丰富的教育内涵和积极的发展意义。[①] 环境是教育的一个重要因素，儿童需要在环境中学习，并在其中获得发展。儿童劳动所具有的实践属性，为劳动教育环境这一概念的提出提供了有力支撑。劳动不应是传统的那种灌输式的说教，也不是生硬的练习，而应是让儿童去感受、体验和动手实践，从而激发他们内在的认同感。我们要尽力打造一个精心准备的环境，这个环境涵盖了情境、场地、工具、材料、人际关系等要素，这种有准备的劳动教育环境能够支持儿童自主探索和实践，让他们创造属于自我的、有意义的精神生活。

生活既是教育的原点，也是劳动的原点，是二者共有的场域。[②] 儿童的现实生活是劳动的主要场景，劳动因儿童当下生活需要而产生，并服务于生活。如前文所述，场地的不足、劳动观念的落后、成绩至上导向等因素都直接导致儿童在生活中的劳动机会减少，这让我们忧心，但我们也一直在努力改变这一状况。劳动教育环境为我们开辟了新的思路，从根本上拓宽了儿童生活中的劳动空间。儿童在真实生活和真实劳动情境中，与劳动工具、材料和同伴相互作用，一起解决实际问题。他们在亲身实践中发展自我，经过长时间的劳动实践，形成稳定且积极向上的劳动素养，并养成对当下和未来生活积极热情的态度。

大自然同样是儿童劳动的重要场域，儿童劳动是其与自然重新建立联系的

[①]　王建平，郭亚新．蒙台梭利环境教育思想与儿童发展关系的理论建构［J］．比较教育研究，2016，38（11）：55–59.

[②]　郭姗．从"自发"到"自觉"：回归生活的幼儿园劳动教育［J］．教育科学论坛，2020（26）：64–68.

媒介。在劳动过程中，儿童身体融入自然所产生的"经验"，能让他们与自然紧密相连。① 劳动教育环境概念的提出，除了重视真实生活的价值，更希望能将儿童带入更广阔的大自然。儿童自身所具有的"自然属性"和大自然环境共同构成了劳动的自然实践环境。他们借助劳动工具，手脑并用与自然互动，探索自然界的奥秘，在这个过程中产生新的认知，获取新的经验。同时，儿童在劳动中逐步构建和深化自己的生态身份，实现自我力量与自然力量的融合，这也充分契合了儿童的需求与天性。

要让支持环境成为儿童的"第三任教师"，实现劳动教育环境全方位育人的价值，就必须打破以往幼儿园环境内涵或格局单一的局面。环境打造背后的思考、规划设计、团队协作、维护与管理等都值得深入探究。要营造一个能反映儿童内心世界、遵循儿童天性和自然规律的环境，就需要深入理解儿童心理发展和学习特点、儿童行为学和儿童哲学等知识。同时，空间布局的整体规划设计、环境的审美体验等方面也不容忽视。儿童在真实的环境中沉浸式体验劳动、参与劳动，享受劳动创造的幸福生活和由此带来的成就感，为他人和社会做出贡献，为自身的终身持续发展助力。

2.2　我们对劳动教育环境的理解

劳动教育环境是开展劳动的基础条件。它蕴含着劳动教育目标，与儿童的真实生活紧密贴合、相互交融，就存在于儿童生活的周遭。并且，在儿童的日常生活中，到处都充满了丰富的劳动元素和机会，这些生活片段或情境，也都

---

① 吴洪亮，孙小晨.儿童与自然的断裂与联结：兼论劳动教育的当代价值［J］.绥化学院学报，2016，36（2）：105-108.

在劳动教育环境的范畴之内。劳动教育环境兼具真实性与情境性，儿童能够在真实的情境中发现问题并解决问题。劳动教育环境期待与自然相连接，打造一个亲近自然的劳动场所，以此唤醒儿童内在的自然天性和好奇心，为他们的成长源源不断地注入能量。同时，这个环境充满趣味，能够满足儿童喜欢游戏的天性，儿童可以充分自主地体验、探索和创造，最大限度地展现自身的潜力。由于劳动是一个创造和再生产的过程，这也决定了劳动教育环境是一个能够不断产生价值创新、富有创造性和挑战性的环境。生活和自然中那些不可预测的变化，会促使儿童创造性地使用劳动工具，创造性地应对和解决问题。劳动教育环境是开放且互动的，环境中的各种元素相互交织融合，它引发的不只是人与环境的直接互动，更包含着人与人的合作与互动，其背后体现的是人文关系和文化氛围的提升。

2.3　真实劳动教育环境的营造

开展真实的劳动教育需要经历真实的历程，而这一过程离不开真实情境和深度实践。[①] 真实情境需要真实环境作为支撑，如此才能有效触动儿童情感，激发儿童的更多生长点。真实的环境重视与儿童生活和情感的连接，只有基于儿童真实的生活需求，应对真实生活问题，并引入真实自然元素，才能开展真正的劳动。

2.3.1　单一的劳动环境导致刻板的劳动形式和内容

谈及环境对人的影响，其历史由来已久，古有孟母三迁，今有择校而居。

_____

① 李秋霞. 例谈指向真实情境下深度实践的劳动教育［J］. 教学月刊小学版（综合），2021（9）：55–57.

《逛动物园是件正经事儿》一书中提到，豹子来回踱步、大象频繁甩头的现象表明，环境单一会使动物出现无意义的重复性动作，即我们常说的"刻板行为"。诸如此类的观点和例子屡见不鲜，无不体现出环境与人的相互作用。劳动教育环境也是如此，单一的劳动环境必然会造成刻板的劳动形式和内容。不妨设想一下，如果一个幼儿园里没有大树、花草和小动物，房前屋后没有孩子们喜爱的花园和菜地，孩子们的劳动会是怎样的情形呢？只有充满多种可能性与挑战性的环境，才能给予儿童更多刺激，唤醒他们更多的内在潜能。将多维度、多视角的劳动元素融入环境中（见图 2.1），儿童的劳动体验与实践自然而然就会形成。或许只是在儿童身边种下一棵树、摆上一把小椅子、养一只小鹦鹉、为路过的小鸟搭建一个餐厅……由树、动物衍生出来的生态关系，通过照顾鹦鹉了解其生活习性，在劳动中感受自然、关爱生命，这些经验和道理就会逐渐渗透到儿童的生活中。

① ②

图 2.1　一座水晶花园，儿童使用劳动工具生成了多样的劳动实践活动，也成就了儿童的创作表达

2.3.2 有挑战性的环境危险吗

安全性和挑战性是劳动教育环境评估与规划中重要的考量要素。从某种意义上来说，二者存在一定的相互排斥关系。因为一个足够安全的环境不太可能为儿童提供挑战、探索和冒险的机会；而一个具有挑战性的场地很难说是绝对安全的，其中潜在的风险需要儿童学会辨别、规避和自我保护。那么，我们该如何看待"安全"与"挑战"呢？

1. 如何理解环境的"安全"

我们可以思考，安全的环境是指没有任何危险因素和安全隐患的环境，要保证儿童在其中不受任何伤害，一直依靠成人消除风险吗？实际上，这样的环境反而更不安全。儿童在学校接受教育是为进入更广阔的社会做准备，他们需要在环境中通过自身尝试分辨危险、规避危险，进而学会保护自我，而不是一味地逃避。

> 必要的安全，而不是尽可能的安全。
>
> ——英国皇家预防事故协会某次会议的主题

我们认为，劳动环境的安全应是必要的安全，而非过度安全。过度安全会使儿童的劳动技能无法正常发展，儿童会逐渐忽视风险因素，这是更危险的，可能导致更严重的意外。"意外"一定是坏事吗？答案显然是否定的。它是儿童劳动的必要内容，儿童积极应对和处理意外事故，可习得自我保护能力，日后就能更安全地进行探索和勇敢地面对挑战。

教师不能将危险与儿童完全隔绝，而应思考如何合理规划相对安全的劳动环境，让儿童在其中可以相对安全地探索和实践。因此，在劳动环境安全方面，教师需要考虑以下要点：

◆对环境进行风险评估，消除无发展价值的风险要素；

◆合理划分劳动场地和区域，将易冲突区域分开，将可能合作的区域毗邻布置；

◆确保有方便儿童与成人通行的通道和出入口；

◆注意场地中劳动工具和材料的安全，确保无毒；

◆可以为整个环境绘制劳动地图，或与儿童共同绘制劳动指示图；

◆让儿童为周围环境制作安全标志，提醒自己及他人；

◆提升儿童自我保护意识和能力很有必要。

2. 有挑战的环境危险吗

有挑战的环境就一定危险吗？一个具有丰富多样、多层级刺激的劳动环境，能满足不同发展水平儿童的不同劳动需求。环境中具有挑战性的劳动工具和材料，能充分支持儿童尝试和挑战，儿童会感觉充满力量，"我能行""我可以"等自信感油然而生，儿童的成就感和自信心得以提升，这何尝不是一种发展儿童能力的独特方式呢？我们经常会担心儿童在场地中因为摔跤碰撞、工具使用不当、碰到带刺植物等原因受伤，可实际情况是，儿童在同一地点，因同一事件受伤的概率极低，因为他们在首次受伤后就知道了危险所在，学会了如何规避危险、保护自己。

我们要充分信任儿童，相信他们是有能力的行动者，给予他们足够的自由空间，他们能自主使用真正的工具（如锯子、镰刀、锤子等）（见图 2.2），能合作架起梯子采摘高处的果子，能在不同的情境和场地运用不同方法解决问题。他们在环境中与工具、材料的互动是其真实生活中的重要部分，是建立自信心、发展自身能力的有力支撑。因此，我们要考虑将生活中遇到的问题交给儿童自己解决，把决定权交给儿童，让儿童真正成为有能力的人。

图 2.2 儿童使用镰刀收割开学初种下的水稻

2.3.3 亲自然的劳动场：为儿童发展赋能

劳动教育不应被束缚在教室中，我们应引导儿童走进更为广阔的自然天地，将劳动教育环境延伸至旷野、田地、溪流……儿童在自然中劳动，这一过程充满了探索和发现，他们能持续挖掘更多自然的奥秘，而自然的神秘莫测又会激发儿童对劳动的期待和热情。一个亲自然的劳动场并非只是环境的点缀，它构成了儿童劳动的场景和内容。因此，只有善于发现自然，洞察自然元素蕴含的劳动教育价值，劳动教育才能真正发挥其作用。

1. 植物是关键元素之一

我们在幼儿园的各个角落和儿童周边引入多种多样的植物。不同植物生长环境、特点和变化各不相同，这些知识并非由教师直接告诉儿童，而是儿童在日复一日的悉心照料中自然习得，劳动也随之应运而生。一年四季中，不同类型的植物每一天都能给儿童带来意想不到的惊喜，比如花开花落、果实累累、落叶纷飞……这些大自然的馈赠为儿童的生活增添了乐趣。他们会兴高采烈地提着篮子收集花朵和落叶，他们会用树叶堆肥让院子里的青菜茁壮成长……

2．洞察自然元素背后的劳动教育价值

自然因其变幻莫测而魅力非凡。开满鲜花的草地、蜿蜒曲折的小路，花园里翩翩起舞的蝴蝶，树洞旁搬运食物的蚂蚁小队，风、雨、雪、冰、雾等现象，都深受儿童喜爱。劳动教育不是让人脱离自然，而是引领人们回归自然。[①] 我们要挖掘丰富自然元素中的劳动教育价值，将儿童引入真实的自然世界。在大风天一起制作风向标、在台风过后收拾残局、为蚂蚁搭建一个洞穴、在种植园地种下蝴蝶喜爱的柠檬树……儿童在这样的劳动中逐渐融入大自然，与大自然建立持久深度的连接，实现人与自然的和谐共生，成为充满生命力的地球未来公民。

3．一片茶叶为儿童开启另一方天地

亲自然的劳动场，极大地拓宽了儿童探索世界的范围。哪怕只是一棵茶树、一棵咖啡树，都大有学问。毋庸置疑，对茶树的照料和养护是儿童劳动生活中的重要事项，但又不止于此。通过照料茶树，儿童能发现土壤、气候与茶树之间的关系，了解不同地域和文化背景下茶叶的关联与差异，儿童正是在自然劳动中探索并发现更广阔的世界。在自然中通过劳动所获得的成就和能量，将持续给予儿童活力和动力，为儿童发展赋能。

---

① 肖绍明 . 劳动教育的生态自然观［J］. 教育研究与实验，2021（3）：13-19.

2.3.4 打造一个儿童喜爱的种养小院

1. 室内外联通

　　小时候，我生活在一个院子里，那时邻里关系很好，大家相互帮忙，相互借用农具、餐具等。吃饭的时候，经常蹲在院子口，边吃边聊。后来长大工作，在城市定居，住进了高楼，人们之间仿佛无形中有一条难以逾越的鸿沟，一扇扇门阻断了彼此的交流，让大家变得越来越陌生。过了很久，我依然怀念小时候冬天坐在院子里和左邻右舍一起晒太阳、聊天的日子。

——一位教师的回忆

　　实现室内外联通的"院子"成为丰富儿童劳动体验、促进儿童交往的重要选择。"室内外联通"强调空间的联通与开放，打破室内外明显分割的界限，将班级由室内延伸到户外，尽可能广泛地纳入更多样、更丰富的学习场和游戏场，借此引导儿童更多地亲近大自然。我们选择在每个班级的房前屋后因地制宜地打造种植地、探究场、游戏场等。儿童一走出教室就能进入户外的活动场，在自然中尽情游戏、探索和劳作（见图 2.3）。作为一种柔性的半开放空间，户外的活动场是公共空间与私密空间的过渡区域，在激发儿童的兴趣、引发共同话题、创造共同的社会经历等方面发挥着重要作用。

　　一个儿童喜爱的种养小院，是一个能够满足儿童在室内外自由穿梭的小院，是一个教师和儿童更愿意把室内课堂教学搬到户外开展的小院。

　　这是萤火虫大班某日午后的场景：阳光透过枝丫洒落在小院，树叶闪闪发光，有的孩子趴在教室的木连廊上，一动也不动，目不转睛地看着木条缝隙中的蚂蚁爬来爬去，还有的孩子正拿着放大镜观察叶子的脉络，

图 2.3　利用木地板连教室和户外，儿童一走出教室就置身于真实的大自然，丰富的动植物元素为儿童的劳动提供了更多的可能性和挑战性

一簇簇花儿与儿童手上的彩笔的颜色相互映衬。不远处，一两平方米的菜地里种着生菜、泛着浅黄色的小番茄和紫色的甘蓝。院子里的鸡时不时从笼子里跑出来晒太阳，它们一点一点靠近生菜，路过院子外面的人焦急地喊道："鸡要偷吃菜了！"院子里的孩子却神情自若地回答："那就是我们种给小鸡吃的，鸡只吃绿叶菜，不吃紫色的菜。"

说完，几个孩子合作去给小鸡刷房子，有两个孩子在喂养公约处拿着笔不知在记录着什么。在被阳光晒干了的泥地上，老师拿着篮子走到正在树下捡叶子的孩子跟前，将篮子递给他们，说道："下午午睡后，我们一起用收集的叶子堆肥吧！"

图 2.4　萤火虫班门前的种养小院里有小鸡、小鸭和种植的蔬菜，孩子们一有时间就三五成群来到这里活动

图 2.5　由一隅水泥地改造而成的种植带，劳动、科学探究、艺术表达等元素交织其中

图 2.6 有目的地将劳动元素融入环境中，哪怕只是一个树桩，也能生发多样态的劳动实践活动

目前，大多数幼儿园的户外活动场地是不足的。在此情况下，我们可以充分利用活动室和户外的连接处以及房前屋后的小角落，以此来扩大儿童的活动面积。有趣的是，对于那些在楼上只有走廊通道作为活动空间的班级而言，若能对空间进行合理的设计与规划，同样也能实现种养小院所具备的教学功能，我们可以从以下这些方面进行设计和考虑。

（1）让通道更具趣味与功能

通道不应仅仅是通道。儿童更喜欢在曲折蜿蜒的小道上行走，这种富有变化的路径能让步行变得趣味十足。我们可以利用线条来改变通道的观感，这样一来，在通道边界处就能产生更多的种养空间（见图 2.7）。孩子们可以在此驻足、停留、观察和劳作，能与周围的事物进行深度交流。同时，在走廊中间设置可移动的栅栏，栅栏能够起到"柔化边界"的作用；在栅栏上设置一个可推开的小门，这会增强区域的功能性，使其逐渐有了小院的氛围。

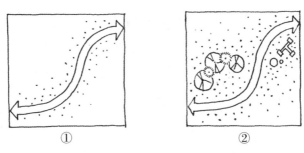

图 2.7　通道和路线的改变，拓展了更多可能性的种养空间

（2）挖掘墙面的巨大潜力

让墙面发挥巨大功能，这对于楼上的班级尤为重要。在建筑设计中，墙面作为空间的重要组成部分，有着重要意义。它是三维立体空间之间的连接者，但由于对设计者的空间利用能力要求较高，所以常常容易被忽视。在对幼儿园进行室内外连通改造时，可以运用诸如洞洞板之类的墙面支持物，将窄面积的木条（宽 5～8 厘米）错落有致地钉在墙上，这样既充满艺术感，又能增加墙面摆放劳动工具、低结构材料的功能，同时还能陈列儿童的作品。有时候，也可以选择适当留白，将通道墙面的一部分区域留给孩子们自由发挥。

（3）利用可供逗留的角落

在幼儿园空旷的区域中，儿童往往不会停留太久。一旦某个区域出现转角、入口、凹处，或者靠近柱子、树木等可供依靠的物体时，就会形成可供逗留、驻足的地方，它们在较小的尺度上为儿童提供了休息和游戏的区域。这些出现在儿童教室周边的事物，由于距离近，常常成为儿童热衷讨论的话题。儿童留意它们、仔细观察它们，还一起围绕其游戏，这里也成为儿童丰富的劳动场所。儿童不再受限于特定活动时间才能进入劳动场所，在一日生活中，他们可根据需要随时进入。这种源于生活的真实劳动，能够激发儿童的劳动热情，延续他们在劳动和探究方向的兴趣，在日复一日的劳动过程中，儿童会逐步形成稳定的劳动素养。在幼儿园落实劳动教育目标，要基于创设真实、丰富的场域，让儿童的言语融入其中。最终，劳动服务于自己的生活、服务于他人的生活、服务于环境就水到渠成了。

（4）合理规划植物种植区

植物应种植在阳光充沛的方向，同时在旁边配备水源等相关设施，如水槽、水管、喷头、园艺工具等。尽管儿童大部分的种植或园艺活动可以在户外场地上进行，但考虑到部分教室场地有限，我们仍需在儿童日常活动场地（教室）附近留出专门区域供儿童规划、照料和体验，这在很大程度上能培养他们关心和照料植物的责任心。

植物种植区的设计考虑

☆面积不需要很大，是现有户外自然劳动场地的补充。

☆设计成半圆形或长条形的种植箱，箱与箱相隔约 300 毫米，以方便儿童进入。

☆种植箱宽度为 500 ～ 600 毫米，并在临近通道搭建护栏、柱子等，以容纳葡萄藤、紫藤等藤蔓类植物。

（5）打造有温度的微型动物园

相比于植物，动物能给予儿童更直接的互动与回应，亲手触摸、观察和照顾小动物会让儿童无比着迷和兴奋，促进他们对生命的了解、欣赏和尊重。通过照顾小动物，儿童能了解它们的需求，并通过为它们准备食物和水，以及保护其免受恶劣天气影响，从而培养对自然环境的责任感。我们可以在通道上为儿童提供更多与动物接触的机会，需要准备以下材料：

◆固定的笼子：注意笼子的尺寸和大小，要适用于鸟类和其他动物，并且可供儿童进入，以便他们帮忙照顾动物（见图 2.8）。

◆可移动的设备与架子：一些带轮子且可移动的架子，高度为 600 ～ 700

图2.8 这条狭长的走廊位于幼儿园二楼，相对来说儿童的活动空间比较受限。为了扩大儿童活动面积、丰富活动类型，我们对其整体空间进行了设计与规划。首先是改善通道的功能，我们将半圆、圆形和长条形等多种形状的种植箱不规则地摆放在通道内，种植多种植物，在入口处设置栅栏，并增添了一处饲养鹦鹉的小角落，在丰富区域功能的同时，也为儿童的活动赋予更立体的情景感。与此同时，墙面采用洞洞板，悬挂了匹配的劳动工具、材料和美化环境的装饰性物品。当儿童推开栅栏走进走廊，话题便随之而来

毫米（这是儿童可以轻松够到的高度），可以放置饲料、工具等，方
便儿童为动物添加饲料。

◆ 长条或半圆形的小桌：不需要占据太多空间，小桌的功能比较灵活，
有时可放置便携式宠物孵化器、喂鸟器，还可以为儿童观察记录提供
一个相对安静、平稳的空间。

◆ 提供一些饲养的劳动工具。

2. 开放与互动

空间设计与儿童行为表现有着紧密联系，这一观点不仅有相关研究支持，
也得到教育实践者的高度认同。我们深知，不同特点的环境会催生不同的互动
关系。封闭环境会束缚儿童的行为，无法生成深层次的互动交流；而开放或半
开放的环境则能极大地促进儿童与同伴、教师之间的互动，这种互动也可以视
为一种精神环境和人文关系的形成。

> 幼儿园的学习环境创设并非只关乎"环境"本身，更重要的是在环
> 境中生成人与自然、人与人之间的互动关系。
>
> ——普吕·沃尔什《幼儿园户外游戏环境创设》

从某种意义上来说，儿童喜爱的种养小院一定是具备开放和互动功能的空
间。当场地是开放的，儿童能够自主进出，按需取放材料，完成自我的劳动体
验和实践。此时，儿童能通过当下的劳动体验唤醒已有经验，促进有意义学习，
实现活动时间的灵活性、与环境和材料的互动和与他人的互动。

3. 打破时间的壁垒

相较于空间限制，时间限制更难解决，它就如同紧身衣，让人无处可逃。
不管活动有多精彩，或是儿童在院子的草坪上玩得多么投入，幼儿园的结束音

图2.9 毗邻教室的"小鸡的家"，就近投放了喂食、清洁的劳动工具，孩子们一有时间就过来照顾小鸡，给小鸡喂食、打扫鸡笼等

乐或铃声一响便会不由分说地结束一切。① 我们一直在思考：如何让儿童在开放空间里更自如地生活、学习。这就要从幼儿在园的一日生活说起，幼儿园的一日生活时间是固定的，甚至大部分日程的安排精确到每分钟。长此以往，教师成为手表、时钟的"奴隶"，孩子们也在时间的"绑架"下生活。对此，我们建议打破时间的壁垒，调整作息时间，使儿童有可自行支配的大段时间，为"院子里生活着的人们"创造心流的真实体验。

　　自从上午的时间可以由我们自行安排后，我发现自己脚步变慢了，

---

① 奈尔，多克托里，埃尔莫尔.重新设计学习和教学空间：设计利于活动、游戏、学习、创造的学习环境［M］.林文静，译.北京：中国青年出版社，2020：55.

孩子们似乎也没那么着急地要去完成一件又一件事情，大家变得自然闲适了……

——一位教师的反思

可见，当空间变化时，时间能否因此而变化，我们未曾可知。但当时间做出相应调整、追随空间变化时，儿童在该空间的活动变得更加开放、自由，院子里的美好生活便不再只是期待了。

4．灵活的活动环境

当人们提及灵活的活动环境时，往往只想到实体空间。但空间本质就是灵活的，儿童灵活的活动环境远不止空间区域联通，或材料灵活运用，还包括环境中其他内隐因素：人际关系、学习模式、教学模式等。例如活动期间，儿童结对或分组互动、与教师互动等，这背后体现的就是人际关系。小院的打造就为此提供了可能。

餐后，院子里常会出现这样有趣的场景。尽管大家彼此还不熟悉，但因为一个院子而拉近了距离：各班孩子穿梭于院子的各个角落，头戴动物发箍捉迷藏的孩子笑得咯咯响，提着小花篮拾花瓣的女孩欣喜地和花房的唐爷爷分享喜悦，倚靠在墨绿色小沙发上的孩子悠闲地翻看小书，还有的正忙着邀请不知名的朋友去给小鸡喂青菜……

可见，开放的种养小院为儿童带来的不仅仅是材料上的丰富体验，更宝贵的是在环境潜移默化的作用中形成了高质量的社会互动关系，这种关系为儿童未来的社会交往和人格塑造奠定了良好基础。

小院的环境在四季更迭中发生着变化，探究性的劳动内容和劳动模式也动态变化，这些变化恰恰是传统生硬的课程所忽略但又极具生命力的教学内容。

一旦孩子关注并适应这些变化，调动自身经验，勇于尝试解决变化中的问题，劳动教育真正散发的魅力就不只是劳动教育传统意义上"发展生产"的目标了，这是每个人终身都要面对的课题：在适应变化中找寻自我。

2.4　劳动教育环境的可持续发展

2.4.1　组建一个多学科队伍的环境小组

一种多学科的设计方法——包括密切沟通、合作和分担责任。[①]一个完整、多元素的高质量劳动教育环境的规划和打造，需要汇聚幼儿园各具专长的人员，让每个人的特长都能为环境打造服务。这些成员最了解儿童的心声和想法，能打造出儿童喜爱且适宜的环境，同时还能大大降低各种成本。每一处环境在创建之初，都要向参与人员（尤其是专业规划人员）进行宣讲，分析场地、规划设计、选择材料，经过共同论证，形成初步方案雏形。之所以将这一步作为环境打造的开端，是因为每一处环境或场地的打造都极具专业性要求，需要专业人员实地论证，以确保安全，这样才能推进后续工作。在宣讲环节，由教师向儿童宣讲、儿童向儿童宣讲能带来意想不到的效果。环境小组成员不仅要预见通过何种方式弱化教师的"教"、支持教师退出，还要预见儿童进入该环境后可能产生的活动状态。方案在实施过程中允许进行过程性调整和优化，确保最终完成时涵盖学习经验、教师支持、安全管理、儿童活动等各项元素。

一般来说，理想情况下，多学科队伍的环境小组一般包括：

◆具有一定教学经验的幼儿教育工作者，最好曾经参与过环境设计，这些人更了解儿童的真实需求；

---

① 沃尔什.幼儿园户外游戏环境创设［M］.侯莉敏，等译.北京：中国轻工业出版社，2022：27.

◆ 幼儿园的管理者，尤其是园长，是课程和环境的顶层设计、整体规划的重要角色；

◆ 从事环境改造、设计的专业技术人员，如水电工、木工等；

◆ 其他学科教育从业者，包括音乐、体育、美术、自然科学教育等学科的人员；

◆ 非教育学科专业从业者，如管理学、建筑学等专业人员，负责规划和设计环境、空间；

◆ 依据实际需要，可借助家长和社区资源。

2.4.2　儿童是环境设计的核心力量

改造环境和场地时，重要环节是邀请不同年龄段的儿童参与讨论。通过设计一些开放性的问题与儿童交流，了解其想法。环境中的一些具体细节，交由儿童来填补，他们天马行空，总希望将童话里的场景融入生活。他们喜欢可躲藏的小空间、弯曲的小路，喜欢随心所欲地奔向四面八方，甚至想像愤怒的小鸟一样跳跃，也想随时可以趴在地上看书或席地而卧……这些以儿童为本、释放天性的环境极具规划、考量和创造价值，因为其背后蕴含无限发展的潜力。我们要充分尊重儿童的意见，因为他们的想法反映了当下的兴趣、经验和水平，只有从儿童的视角改造环境，才能更好地服务于他们。儿童不仅是重要的设计师，还是环境的主人和管理师。在环境的日常维护方面，打破专人专项维护的模式，将责任交由儿童。他们要定期维护植物，如浇水、拔杂草，在教师指导下施肥、捡落叶、学习堆肥知识，寻求园艺教师帮助修剪枝叶，并做好时间记录和垃圾分类等工作。

2.4.3　基础环境的规划与设计

基础环境的规划与设计可从地貌和地形入手，重在还原真实的自然样貌。

地面质地多样，有泥地、沙地、草地、石头地等；植物高低错落，有垂落的紫藤花、一簇一簇的木绣球等。像高大的植物的花或果实垂落，与地面或墙面形成一定高度差的空间，是儿童的最爱，能激发他们梦幻般的想象，他们会在其中自发开展丰富的游戏和劳作活动。灌木丛后有围蔽或半围蔽的小空间，形成一些转角式角落，可用来放置劳动工具柜或开放性材料柜。在地形上，突出有变化的微地形，如U形式、波浪式斜坡等，这些都是儿童的乐园。儿童对于自己经常使用和游戏的地方会格外喜爱，并更主动地关心、服务、照顾这个环境。

2.4..4 持续跟踪与优化环境

对环境做好持续性的跟踪和优化，强调以多种方式支持儿童和教师融入环境，并与之产生深层联系。以往我们往往只考虑让儿童如何融入环境、如何支持儿童，却忽略了教师。若教师不能很好地分析、理解和接受环境，长期下来儿童的活动会变得单调乏味。为避免出现这些问题，可以思考以下问题来加深教师对环境内涵的理解。

◆ 教师提前进入环境、体验环境尤为重要，原因何在？

◆ 教师进入环境后，如何帮助他们发现其中的劳动教育元素？

◆ 环境中隐含的关键性劳动教育经验是什么？

◆ 可支持的家庭和社区资源有哪些？它们能以何种形式融入？

教师的融入不容忽视，只有当教师真正融入环境，才会认可环境，进而深入思考如何带儿童融入以及如何支持后续的活动。在环境打造的过程中，教师持续交流碰撞和讨论、激发新想法，是融入环境的重要途径之一。环境建成后，儿童融入方式多种多样，活动样态千姿百态，儿童的持续参与和环境小组成员的持续跟踪相辅相成。环境小组成员需持续观察教师和儿童在环境中的真实状态，思考如何调整环境和材料以进一步促进儿童内在劳动自觉。

2.4.5　环境的安全管理

丰富且刺激多样的劳动教育环境能满足儿童不同的游戏和劳动需求，而环境的安全必然是重点关注的问题，提升环境使用者（儿童和教师）的安全意识，增强他们对环境安全的理解、感受和体验是首要任务。我们可以时常与儿童讨论以下这些问题，这有助于教师了解儿童对环境安全的理解。

◆ 你觉得安全是什么？

◆ 你觉得幼儿园里安全吗？

◆ 最近幼儿园发生了哪些变化，你有什么感受？

◆ 你为什么会觉得安全 / 不安全？

◆ 为使环境变得更安全，我们可以怎么做？

◆ 为保护自己和他人的安全，我们可以怎么做？

如果说提升和应对环境安全意识是前提，那么环境的安全管理机制就是关键。我们无法提供一套完美的现成"安全"方案来保障实施，因此使用过程中的安全管理更需要全局谋划，这需要环境小组成员、教师和儿童共同管理维护，在管理机制方面，需要考虑以下要点：

◆ 协同环境小组的参与人员，制定安全管理及保障机制；

◆ 定期、动态地评估环境和场地的安全性；

◆ 制定专门的防护措施；

◆ 环境投入使用后，明确教师站位，并通过标志在环境中呈现；

◆ 让儿童参与环境的安全管理与维护，设置"儿童安全巡逻员"巡查环境、查漏补缺，这也是儿童劳动的重要部分；

◆ 持续动态地关注环境的变化，做好长期的跟踪记录，以帮助儿童能自主复盘环境变化全过程。

第 3 章

劳动工具

3.1 我们对劳动工具的理解和认识

浇水的小孩，提溜着小桶往返于菜园和水池间，一次、两次、三次……不停地浇着。他看着水从水壶口流出，渗进泥土后迅速消失，于是不断变换洒水壶、挤压壶和水瓢继续尝试。他或许在疑惑：水到哪里去了呢？不同的浇水壶浇水量是否不同？热衷于挖土的孩子挥舞着小铲子、小锄头，能守在泥地旁忙活一整天，边挖边聊着各式各样的话题，场面热烈而有序……儿童正是通过使用材料或工具改变客观世界，并与之相互作用来达成目的，这个过程会对包括劳动者在内的人产生一定的影响。[①] 劳动工具并非独立存在，它因劳动而生，为劳动服务。儿童在日常生活中使用抹布、扫帚、小铲子等工具，让桌子和地面变干净、泥土变疏松，这些都是他们劳动的见证，也正是工具让劳动过程变得更直接、直观、可感。

儿童的智慧在于指尖。

——苏霍姆林斯基

儿童用小手使用劳动工具劳动，工具的规格大小、材质、重量、形状等因素，会影响儿童手部精细动作和肢体动作的发展。儿童心理学家皮亚杰曾指出，儿童最初通过动作来锻炼思维，勤于动手的儿童大脑发育更佳。劳动工具在儿童动手过程中起到关键的支持作用，使用劳动工具有助于促进儿童手部与脑部的协调发展。若儿童缺乏动手操作的机会，会阻碍大脑皮层受刺激，从而对大

---

① 虞永平. 劳动是幼儿综合的学习［J］. 今日教育（幼教金刊），2019（2）：8-10.

脑发育造成不良影响。

　　劳动工具的价值和功能远超其表面用途，其背后的内涵需要深入挖掘。在儿童的眼里，劳动工具并非只能用来劳动，还能变成探究工具、游戏材料、学习资源等。面对生活中的各种问题，他们会积极寻求工具或材料解决，或对现有工具做出改变，使其更贴合现实需要。我们要充分鼓励儿童在使用劳动工具时对工具进行改变，如功能、使用方法和情境等。箩筐不仅仅能用来收集物品，这些富有创造力的儿童会将大片树叶垫在箩筐里，将箩筐改变成储水运水的工具；用来接水的水桶几经装饰和改造，还能变成小鸡的进食器皿……这是思维创新发展的体现。同时，适当地提供一些低结构的工具或材料，如绳子、袋子、篮子等，能为儿童创造性组合和使用工具创造更多的可能。这不仅能激发儿童内在创新驱动力，对他们逻辑思维的发展也有很大帮助，在当下人工智能时代更具有时代意义。

　　我们一直思考如何为儿童的生活持续性地注入活力和动力。在儿童生活周边投放趣味性、差异性和挑战性的劳动工具，为儿童的创造力和好奇心打开大门。我们时常看到儿童拿着牙刷不厌其烦地刷洗玩偶小兔，他们说这是在给小兔洗澡和刷牙。从某种意义上说，劳动工具于儿童也是一种"玩具"，通过使用工具，用游戏的方式使工具实现了"玩具"的功能和价值，他们更倾向于把生活中的事件和事物视为一种对未来真实生活的模拟。儿童时期的工具和玩具究竟是怎样的关系？还有待持续实践、观察和思考……

3.2　将工具引入日常生活

　　劳动工具因真实的生活和劳动而自然出现，是儿童劳动的重要支撑，能为儿童动手实践、解决生活中的问题提供很大便利。工具的引入不只是选择和配备这么简单，选择何种工具、数量是多少、如何与儿童一起准备工具等更值得深入思考。需要考虑的事项包括以下内容。

第一步：需求分析，提炼项目

分析环境中蕴含的劳动可能。例如，门前屋后的种植园地，可以生成浇水、锄草、松土、堆肥等系列园艺劳动；又如，养殖小动物，对动物的照顾和养护也是一件值得关注的事情。

充分结合儿童日常生活中的实际需要，捕捉天气、季节的变化，根据突发事件或大型活动，动态调整劳动项目。

第二步：依据项目，配备工具

依据劳动项目、工具使用人数与环境空间的大小，配备适宜数量的工具。

购买、制作或改造贴近儿童真实生活需要的工具。

多渠道收集儿童了解的、熟悉的工具，可交由儿童自主完成。

有必要配备一些辅助工具，用于生成性项目的使用。

第三步：持续关注，动态优化

储存条件：例如，考虑将工具放置在通风的位置，避免暴晒等。

规格大小：充分考虑儿童身体发展水平，不应该超过儿童承受的极限。

工具摆放：部分工具可考虑与场景适配，摆在适用的位置，为儿童使用提供便利。

根据使用过程中出现的安全问题、儿童的兴趣和需求、活动的变化等，对工具进行动态性的调整、优化。

3.2.1　在习以为常的事物里体悟生活

工具与日常生活紧密相连。在儿童生活周边准备好工具，儿童能依据环境和自身需求选择适宜的工具进行劳动，逐渐养成主动体悟和觉察生活需要的习惯，也能在此过程中明确自己内心真正的需求并获得相应能力。在日复一日的生活中，每次习以为常的工具取放、收纳与整理，其背后是一种生活规律和方式，是生活秩序感的体现。一个工具的取放代表的不只是"取放"这个动作，"从哪里拿来，归位到哪里去"，儿童运用工具便利自己与他人的生活其实是一种会生活的能力，有助于儿童日后形成积极热情的生活态度。

3.2.2　为创造性思维打开入口

儿童通过运用劳动工具认识世界和了解世界，发现并解决问题。然而在真实生活中遇到复杂的问题或面临新的劳动任务，可能会出现现有工具不合适的情况，这恰恰是儿童创造性劳动的动机。儿童会根据环境、生活和自身需要，对现有劳动工具重新设计、改装和制作（见图 3.1），这些工具一般由儿童和同伴或成人（教师、家长）共同完成。

图 3.1

儿童制作自动浇水器，在周末为植物供水

我们在环境中提供的劳动工具不能全是高结构、无法改造的，要有一些可供重新设计的工具或半成品工具，留给儿童可以自主改造的空间，发展他们的创新性思维。对儿童来说，设计与重组工具涉及构思、画图、制作、验证、优化等环节，当儿童面对真实生活问题开始创造性设计时，他们会将自己的思考、已有的经验和丰富的想象充分融入其中，从而爆发令人意想不到的能量，并在创造过程中获得自我控制感，建立自信。

脱壳滚筒诞生记

"我希望稻壳可以更多更快地脱落下来。"满天星大班的一位孩子语气坚定地说道。

彼时，幼儿园的水稻成熟了，饱满的谷穗在阳光的照耀下微微闪着金光，孩子们正忙着收割，然而从谷穗到大米还要经过一个环节——脱稻壳。心心提出可以把大米剥出来，于是大家行动起来。可是整整一个下午，他们的成果只有小小一盘。怎样才能让稻壳更快更多地脱落呢？他们发现晒干的稻谷脱壳更快。于是，他们开始晒稻。晒了两个中午后，孩子们再次开始剥稻壳，的确比之前好剥多了，但还是速度慢、效率低。怎么办呢？最后，孩子们决定设计制作一款能捻掉稻壳的"脱壳工具"。孩子们开始讨论构思工具的功能：第一，这个工具要手持的，使用起来才方便；第二，它得能滚动，这样就可以在整片铺开的稻谷上使用。大家发现，这与沙发地毯上的粘毛滚筒很像，它既可以滚动，又有一定的力量。致远主动请缨画设计图，他参照粘毛滚筒的样子进行设计，兴奋地说："这是我们的脱壳滚筒！"晶晶则找来各种木棍、圆柱形积木，与心心一起配合致远组装。最后，在木工叔叔的帮助下，"脱壳滚筒"诞生了。尽管使用效果不是特别理想，但孩子们依然为亲手设计出的工具感到无比兴奋与自豪。

儿童设计改造工具，从设计图的表征（见图 3.2），到将平面图示转化为立体具象的实物（见图 3.3、图 3.4），这背后体现的是工程思维。生活中有许多看似不起眼的小事，都需要家长的参与和支持。家长可以带儿童一起阅读多种形式的说明书，学会从宏观和微观、整体和细节的角度去学习、了解一个事物。也可以和儿童一起安装家具或电器，其中涉及复杂的安装图示和步骤，儿童能从中学习从平面到立体，再从立体到平面空间的转换。这是培养儿童空间、逻辑思维和转化能力的重要途径。

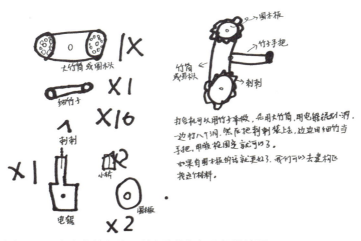

图 3.2　儿童合作绘制的"脱壳滚筒"打谷机设计图

图 3.3　儿童设计的打谷机

图 3.4　儿童用稻谷在试验自制的"脱壳滚筒"打谷机

雨伞只是雨伞吗？

工具的功能和用途会因情境变化而改变。儿童的脑袋里装着许多奇思妙想，在他们眼里，工具的使用有着无限可能。只要有需要，他们可以使用身边的任意工具或材料来实现自己的设想，并通过实践验证。

在骄阳似火的 7 月，孩子们迎来了期待已久的芒果丰收日。他们四处搜罗，准备好了采摘和装载的工具：篮子、水桶、绳子、棍子、自制采摘器……由于芒果树较高，他们思考用什么方法和工具才能摘下芒果。很快，孩子们想到用绳子和水桶组合的方式，他们开始尝试，用绳子挂在树枝上，将水桶运上去接芒果。可是刚开始就遇到了问题：第一，绳子挂上水桶和芒果后，上下滑动时不断摩擦，会刮伤树皮和枝干；第二，水桶装了芒果后变得很重，直接滑下来不好控制，有危险，容易砸到头。他们多次尝试，都没能很好地解决这两个问题。这时，一把立在墙角的雨伞给了他们灵感，他们会怎么做呢？只见他们请老师帮忙，将伞柄的挂钩倒挂在树枝上，然后用伞来接芒果，这样就不会刮伤树枝了。第一个问题解决了。可是芒果要怎么运下来呢？孩子们观察到装了芒果的伞会倾斜，便提议可以让伞往一边倾斜，这样芒果就可以掉下来。可树太高，芒果直接掉下来肯定会摔坏。于是，他们想到了户外活动时在大斜坡玩过的纱布，将纱布绑在伞边，这样伞一倾斜，芒果就能顺着纱布滑下来了（见图 3.5）。最后，孩子们用这个办法收获了一大筐美味的芒果！不得不感叹，孩子们的智慧真是无穷无尽，远超我们的想象……

正如我们前面提到的，雨伞只是雨伞吗？我们对工具的使用，更多时候仅局限于对其固有属性和功能的认知，而在富有创造力的儿童眼中，他们会打破固有思维定式，工具可以是任意东西，这不仅体现了儿童跨领域思考和学习的能力，更是促进跨学科思维发展的关键路径。

图 3.5　伞倒挂在树枝上，连接上纱布，孩子们拉住纱布，用网兜将芒果打下来，芒果落在雨伞里，顺着纱布滑下来

3.3　劳动工具的选择

3.3.1　安全是首要考虑因素

　　选择劳动工具，安全是首先要重点关注的因素，我们还要思考这个安全究竟是必要的安全还是尽可能的安全？相较于从源头上消除工具的安全隐患，我们更注重儿童在使用工具过程中安全意识的建立和安全自我保护能力的提升。最初，我们可以依据儿童动作发展水平和身体发展特点选择工具，如从规格大小、重量、材质等方面进行考虑。一般来说，幼儿园常选用塑料、木质材质的工具，这类工具比较轻便，方便儿童手持使用；在规格大小方面，工具最高不

宜超过110 cm，最短不低于10 cm。同时，有必要为教师编制劳动工具安全手册，供其提前学习和了解。此外，还需考虑工具在使用过程中的一些安全事项，以下是一些参考建议。

①与儿童一起制定安全指南

◆教师与儿童一起讨论、制定关于工具使用的安全指南。

◆为劳动工具设计安全使用步骤和标志。

◆开展劳动工具安全宣讲活动。

②工具的维护和储存

◆木质类工具避免长期浸水，以防发霉腐烂。

◆胶质类工具，避免长期阳光暴晒。

◆常与泥土接触的园艺工具（如铲子、锄头等），需定期清洁。

◆铁质类工具可能生锈，需定期检查和维护。

◆设置易储存和分类的劳动工具架（柜）。

③工具使用前的安全评估和学习

◆如果劳动工具是购买而来，应提前与商家了解其安全注意事项，教师要提前学习熟悉。

◆如果劳动工具是重新制作或二次改造，应先联合园内多岗位人员进行综合评估，经评估后再投入使用。

3.3.2 趣味与真实兼顾

劳动工具是儿童劳动的重要抓手，只有让儿童使用感兴趣的工具才能使他们积极参与劳动，唤醒内在劳动驱动力，激发积极的劳动情感和态度。工具的趣味性既可以表现在可爱的造型、明亮的色彩、多样的功能等方面，也可以对现有工具做出趣味性改造，如为工具加上可爱头饰、添加儿童喜爱的动画标志等（见图3.6）但劳动工具本是解决真实问题的，要强调真实的劳动体验。因此，在考虑符合儿童兴趣的同时，更要注重实用性，即工具要有实在的劳动功能，能解决实际生活问题，这样才能更有针对性地丰富儿童生活体验。

①　　　　　　　　　　　　　　②

图3.6　可以在环境中为儿童提供多样的动物造型劳动工具，激发儿童劳动兴趣，也可以为儿童设置可爱头像，让儿童自主选择操作

3.3.3　为不同发展水平的儿童提供机会

劳动工具的使用是一个思维再创造和学习的过程。多样的劳动工具能促进每个儿童在已有水平上进一步发展，支持其个性化体验和实践，推动思维发展。教师可依据儿童已有发展水平和发展潜力，提供有差异性、不同挑战难度的劳动工具，为每个儿童创造充足的机会。例如，扫把因儿童身高不同投放也应有所不同，小龄儿童投放 20 cm 的短把扫把，到中大龄儿童将扫把的长度延长为

70 cm 左右，这是与儿童的身高相匹配的。另外，也因儿童身体动作发展水平而异，如浇水壶，在儿童动作发展低水平段首先投放易使用的长嘴浇水壶，在此基础上投放需手指抓握挤压的压力喷壶，再到需整个身体操控掌握的长管推拉浇水器。儿童能自主评估选择合适的工具或挑战更高难度工具，不仅能提升能力，还能增强自信心和成就感等。

3.3.4　文化与地域性特点

不同的劳动工具蕴含着不同的文化职能。每所幼儿园所处地域不同、文化背景各异，因此在工具的选择上，可以适当结合当地的文化和地域特点，挑选一些儿童生活周边更实用的工具，加深儿童与生活、工具的经验联系。例如，在盛产竹子的地区，可更多投入使用竹制品的工具；在潮湿的岭南地区，则需多投放吸水刮水类工具；在寒冷多雪的北方，则需要增添一些铲雪或收集冰雪类的工具。

3.3.5　科技赋能新产品

劳动工具要贴合实际的生活需求。随着智能时代的到来，现代化的高科技工具能为生活带来更大便利，可将科技赋能的劳动产品引进幼儿园（见图 3.7、图 3.8），这既是科技兴教，又能拓宽儿童的生活认知和视野，给儿童带来一种新时代科技创新的冲击，激发其更大创造力。例如，在幼儿园增加手持吸尘器、扫地机、小型洗衣机等生活类工具，引入自动喷淋系统、无人机喷药、果实采摘机器人等园艺工具。科技赋能改变生活、提升生活效率，也是一种创新性劳动的体现。

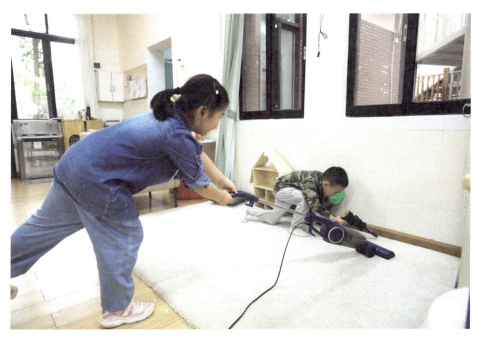

图 3.7　儿童使用智能手持吸尘器给建构区地垫吸尘

图 3.8　无人驾驶的新型自动浇水机器

3.4 一些劳动工具的建议

生活中的劳动工具，种类和款式繁多，令人眼花缭乱。在这个部分，我们并不打算呈现所有劳动工具，而是提供一些儿童生活中常用且具有独特教育意义的劳动工具。

3.4.1 一物多用——百变的工具

生活中有些特别的工具发挥着无可替代的作用。它们除了常见的基本功能外，在不同的场合和情境下又能有不一样的变化，与其他工具搭配还会产生不一样的效果。

1. 伟大的发明——绳子

绳子为我们的生活增添了更多可能。对儿童来说，绳子仿佛充满魔力，学会使用它就相当于掌握了系、拉、打结、塞、扣等各种各样的生活能力。因此，我们重视绳子的价值，不仅看到了其实用性，更重要的是看到了其身后蕴含的无限可能。

2. 无处不在的篮子

篮子是生活中常用的工具，随处可见。它既可以储存物品、收集花朵树叶，还可以成为小动物的家……我们可以在儿童生活的周边投放不同类型、造型和材质的篮子，这些"梦想家"会非常乐意在此基础上进行再次改造和设计，以符合他们当下的需要。

3. 充满设计感的袋子

袋子能为儿童创作和表达提供更多的机会，参与袋子的改造和设计本身就是了不起的劳动。儿童会用各种色彩、花草树木等装饰袋子，通过拓印、扎染等各种形式将其变成独特的手提袋、背包等。他们还会用多种低结构材料，如纸、扭扭棒、树叶等来制作袋子。

3.4.2 一屋天地——工具房

美国当代艺术家汤姆·萨克斯（Tom Sachs）提出，把物品摆放在适合的工具架上能提高工作效率，高识别性和安全性是这些架子的核心。拥有一个工具房，告别杂乱无章，能让看似简单朴素的装饰在环境中呈现出井然有序的状态，这也是劳动工具走进儿童活动中的重要环节。工具房是创造与想象的交汇地，每个角落都充满可能性。我们的目的并不是呈现丰富多样的工具本身或展现工具房之大，而是给出一些工具管理、存取、摆放等的原则和做法。

◆ 遵循"重物在下，轻物在上"的原则摆放工具，工具架的高度最高不超过 130 cm。

◆ 劳动工具尽量存放在透明的箱子里，实现工具可视化。

◆ 工具摆放不一定要在平坦空旷处，既可以在不起眼的拐角、墙面、多面柱等位置，也可以在墙面钉上洞洞板，放一些小挂钩，悬挂常用的剪刀、铲子等工具，还可以在拐角处放一张半圆形双层木架，按需摆放工具。

◆ 在多数情况下，工具架因材质不同而有不同的陈列位置。例如，户外花园、菜地一般使用以铁艺、不锈钢等材质为主的工具，防止淋雨发霉；而在房前屋后，工具架的种类选择更丰富。

◆ 避免将工具全部堆放在篮子或箩筐里，尽量直观地呈现在儿童眼前。

◆ 避免笨重物品占据大量空间，尽量选择轻便的材料。

图 3.9

在教室周围，可以将劳动工具分散在幼儿触手可得的地方，并在附近增添相应的工具标签和指引

3.4.3 生活中常用的工具（图 3.10、图 3.11）

1. 毛巾

毛巾在幼儿园使用频率很高，可以用颜色区分不同毛巾的用途，如用来擦拭、清理等。

◆ 在使用前，教师需指导儿童学习"拧毛巾"这一动作技能。

◆ 拧干毛巾后，挂在通风处，避免发霉。

◆ 规格上，小班一般用 15 cm×15 cm 的毛巾，中、大班用 20 cm×20 cm 的毛巾。

2. 桶

桶通常与毛巾、刷子、拖把等其他工具搭配使用。

◆ 使用前要在桶面标注水位线，使用后要提醒儿童"回头看"，检查地面水渍。

◆ 对儿童来说，折叠桶便于收纳整理，透明桶更合适（方便查看水量）。

◆ 规格上，小班一般用 3 L 的桶，中、大班用 4.5～5 L 的桶。

3. 篮子

可以为儿童提供材质不同的篮子，一般用来收集材料、装饰摆盘等。

4．袋子

常见的袋子有密封袋、垃圾袋、束口袋等，用于收纳、清理。

毛巾　　桶　　篮子　　袋子

图 3.10　生活中常用的工具 1

5．海绵

海绵有多种触感、不同密度，用于擦拭、清洁活动。常见的有长柄海绵刷、海绵块、百洁布等。

◆根据场景的需求投放不同规格的海绵刷。

◆可以将海绵剪成不同大小的块状使用。

◆丝瓜络也能发挥与海绵一样的清洁、擦拭作用。

6．刷子

刷子的种类较多，有可回收鞋刷、牙刷、奶瓶刷等。刷子可用于不同的场景，如刷拖鞋、刷青苔、刷玩具等。

7．拖把

儿童常用可伸缩海绵拖把清洁地面水渍、污渍等。

◆选择可更换海绵头的拖把。

◆使用前用水浸泡，使海绵软化。

◆规格上，小班使用 60 ~ 80 cm 长的海绵拖把，中班使用 80 ~ 100 cm 长的海绵拖把，大班使用 110 cm 长的海绵拖把。

8. 扫把

扫把是幼儿园常见的劳动工具，一般的桌面扫把高 20 cm，地面扫把高 50 cm、宽 15 cm。

9. 衣架

衣架是幼儿园中必不可少的整理、收纳工具，儿童可用衣架将自己的衣物整齐地挂起来。

10. 刮水器

刮水器在雨天发挥着巨大作用，使用方法和适用场合需要教师进行前期指导、教学。

11. 粘毛滚筒

粘毛滚筒一般适用于幼儿园的地毯、沙发、娃娃家等。使用前配备筒芯替换装，教师需要指导儿童学习更换技巧。

12. 热熔胶枪和防烫手套

儿童手工制作的时候常用到热熔胶枪和防烫手套，使用前教师要指导儿童使用方法，做好安全教育。

13. 梳子与头绳

考虑中、大班儿童的生活需要，可在生活区投放梳子、头绳等物品。

14. 剪刀

剪刀在幼儿园使用频率较高，有手工直边剪刀、花边剪刀等类型。教师需指导儿童抓握剪刀的方式：不使用时，将剪刀口合起握在手心。规格上，一般儿童剪刀长 12 cm 左右。

15. 勺子与筷子

勺子与筷子是常见的生活工具，在儿童进餐时使用。在使用技巧方面，需要教师指导，必要时进行个别指导。勺子与筷子的使用对儿童精细动作发展水平有一定要求，可在区域内投放材料，便于儿童在游戏中巩固经验。规格上，小班用 10 cm 勺，中班上学期用 10 cm 勺、下学期用 15 cm 筷子，大班用 15 cm 筷子。

16．智能劳动工具

充满科技感的智能劳动工具，对儿童的吸引力很大。常见的有桌面吸尘器、地毯机、小型洗衣机、扫地机器人、吹风机等。

图 3.11　生活中常用的工具 2

3.4.4　园艺中常用的工具

1. 浇水工具（图 3.12）

（1）喷壶

喷壶种类较多，一般用来喷洒植物嫩苗、叶子等，常见的有压力喷壶、普通喷壶、背式喷壶（容量 1.5～2 L）、电动喷壶、手拉式喷壶（适用于大班）。

（2）挤压壶

挤压壶容量有 500 ml，通常壶内有一个重力球，便于儿童使用。使用时对准植物根部喷洒。

（3）洒水壶

不同植物适用于不同类型的洒水壶，常见的有尖嘴壶、短嘴壶、长嘴壶等，其中长嘴壶适用于悬挂高处的植物。教师应指导儿童制作"浇水"标签，避免重复浇水。

（4）鸭嘴桶

鸭嘴桶容量为 2～3L，出水量较大，适用于给树浇水。

（5）水瓢

水瓢搭配水桶使用，常见的材质有木、竹、塑料。

（6）多段式水壶

多段式水壶配有不同的壶口，适用于不同的场景。

图 3.12　浇水工具

2．挖掘工具（图 3.13）

（1）铲子

铲子长 15 ～ 20 cm，是菜园耕作常见工具，用来给植物松土、施肥。

（2）铁锹

铁锹长不超过 110 cm，用于挖洞。

（3）挖掘叉

挖掘叉长 15 ～ 20 cm，一般用于挖掘、清除植物根部的杂物。

（4）锄头

锄头长 30 cm，重不超过 1 kg，锄刃较为锋利，一般用于锄草、翻土。

（5）锤子

在幼儿园常用双头锤，其头部由木头或橡胶制成，质地较柔软。

（6）耙子

耙子的种类较多，常见的有三齿耙、五齿耙，有铁制、木制、竹制等不同类型，一般用来松土、耙草等。

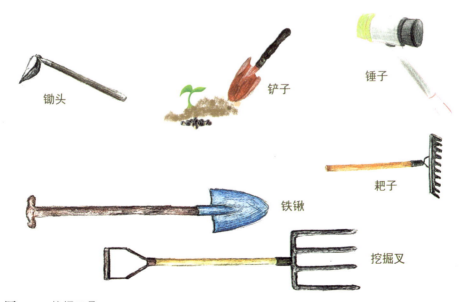

图 3.13　挖掘工具

3．必要的辅助工具（图3.14、图3.15）

（1）绳子

绳子一物多用，常和剪刀配合使用。现实生活中有多种绳子，如麻绳、渔线、尼龙绳等。它们不仅适用于日常生活，在园艺活动中也必不可少。儿童学习使用绳子的过程，也是学习系、拉、打结、塞、扣等动作技能的过程。

（2）篮子

篮子在幼儿园利用率很高，室内通常可以拿来收纳书籍、玩具等，在户外儿童常需要用一些篮子收集"宝贝"。篮子无处不在，可根据具体场景的需要配备不同材质、型号的篮子，有些收纳篮可以邀请儿童一起制作。

（3）袋子

看似不起眼的袋子，在幼儿园中却能大放异彩。果树上的透气袋、娃娃家的帆布袋，能在儿童的奇思妙想下摇身一变，成为充满设计感的艺术品。

（4）手推车

手推车一般有三轮推车、独轮推车，常用于菜园、娃娃家、果园、建构区等需要运输材料的地方。使用时需要一定的力气，有时能促成同伴间的合作。

（5）围裙

围裙是使用率较高的工具，常出现在画室、盥洗室、菜园。可根据系绳技能的掌握水平，分年龄段为儿童提供不同种类的围裙，小班一般使用套头围裙，中、大班可以提供系绳围裙，进一步促成同伴间的合作。

（6）手套

手套在儿童活动中使用率很高，推荐使用环保材质，如麻、胶、尼龙、纺布等。可重复使用的手套能更好地实现环保。

图 3.14　必要的辅助工具 1

（7）木棍、竹竿

木棍、竹竿常与绳子搭配使用，长度随具体场景的变化而变化，适用于为爬藤类植物搭架子、拉绳等场景。使用前要注意检查其表面有无尖刺，以防刺伤。

（8）橡胶靴

橡胶靴根据儿童双足的大小而定，尺寸一般为 15 ～ 20 cm。

（9）堆肥箱

堆肥箱适用于菜园。常见的堆肥工具有波卡西堆肥桶、碧奥兰堆肥箱，也可以根据堆肥原理利用木材自制堆肥箱。需要注意的是，儿童进行堆肥工作时要佩戴口罩、手套。

（10）观察记录本

观察记录本是儿童在日常观察探究中记录数据的必备工具，通常放置于场景附近。

（11）记录笔

记录笔与记录本放置在一起，使用时要提醒儿童及时盖上笔盖。

（12）尺子

幼儿园一般提供长度 1 ～ 3 m 的软卷尺，方便儿童操作，使用时教师要指导具体的使用方法，尤其是卷尺两端固定再拉直的技巧。

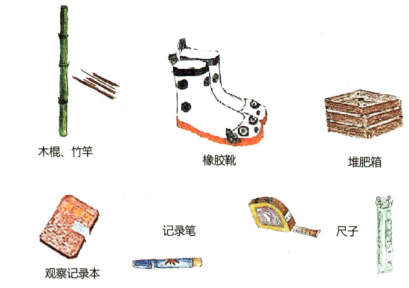

木棍、竹竿　　　　橡胶靴　　　　堆肥箱

观察记录本　　　记录笔　　　　尺子

图3.15 必要的辅助工具2

3.4.5　其他可能使用的工具和材料

劳动，严格来说并不属于某一个专门的领域，而是一个综合性的实践过程，因此会涉及其他诸多可能用到的工具和材料。在劳动过程中，除劳动工具外，所有为劳动服务的其他类工具和开放性材料等都应予以考虑。例如，儿童清洗鸟笼时，遇到刷子不够长的问题，他们会将长树枝绑在刷子上完成清洁，这里的长树枝这类开放性自然材料，实际上也发挥了"劳动工具"的功能；还有与劳动工具搭配使用的探究工具，这些都是儿童在劳动过程中可能用到的材料。在成人眼里，生活和自然中有许多不起眼的东西，对儿童来说却是他们的"珍宝"，是他们探索和实践的重要源泉，他们也正是在操作工具和材料中获得学习与发展。因此，教师应多挖掘身边的其他工具、自然物、开放性材料等，为儿童的劳动创造更多可能。可以从哪些方面去提供这些工具或材料呢？以下是一些参考方向。

◆大量低结构自然物材料，如树枝、树叶、木棍、植物果实等。

◆组合使用的探究工具，如儿童显微镜、放大镜、昆虫盒、昆虫夹、镊子、量杯、量筒、电子秤、漏斗……

◆其他辅助类工具，如胶棒 / 胶水、粉笔、颜料……

◆废弃可回收的 PVC 材质边角料、可输水的水带、橡胶软管、木板、报纸、机器小零件等。

◆各类瓶子罐子，如塑料瓶、纸盒、奶粉罐、易拉罐等。

◆废旧的衣物、帽子、毛线、丝带、布等。

◆旧平底锅、勺子、碗碟、筷子、盘子等。

第 4 章

劳动与儿童的生活

4.1 养育一群会生活、爱生活的儿童

当劳动距离儿童的生活越来越远，儿童便慢慢失去了真实的生活体验，劳动实践碎片化、割裂化、浅表化等一系列现实问题随之浮现。第一，这里的"碎片化"是指零碎的时间以及不成体系的零散劳动。在幼儿园，教师常常带儿童一起参与"清扫落叶""拔草"等劳动，儿童只是象征性地拿着扫把扫几下，在菜地里随意拔几株草，时间一到，儿童此次的劳动便结束了。下次劳动，教师又会随机分配新的任务。碎片化的劳动时间导致儿童难以获得完整的劳动体验，难以形成稳定的劳动素养，长此以往，无法真正实现劳动教育的目标。第二，劳动与儿童生活割裂，这涉及劳动在儿童生活中的来源问题。如今，儿童劳动的内容常常并非源自真实的生活需要，这会让儿童对劳动的价值与意义的理解产生偏差。第三，劳动的内涵广阔，蕴含于生活的方方面面，可促进儿童的全面发展，但如今"为了劳动而劳动"成为多数幼儿园开展劳动教育的真实写照，甚至有人将"劳动"简单等同于打扫卫生、清洁环境等，殊不知这是非常不可取的。

我们总在思考要养育怎样的孩子。儿童作为生活的主体，带着本真的好奇心不断汲取着周围世界的养分，像植物般自由生长。培养一个所谓的"好孩子"或许并不难，但帮助他养成一种自得其所、自得其乐的生活态度是非常不容易的。培养儿童成为会生活、爱生活的人是我们每个人的愿望。

会生活的孩子充满自信。能为自己的生活需求做好准备并非容易事，我们希望孩子能拥有这平凡又伟大的能力。做好准备的他们，在面对生活难题时也能从容应对，这多么令人振奋。美国教育部倡导婴儿从一岁半起就开始培养其自我服务的技能（如系鞋带、穿衣服、扣纽扣、洗脸、刷牙、吃饭、上厕所等

为满足基本生活需求的技能）。蒙台梭利指出，幼儿自理能力是指幼儿不仅能够独自完成自己的个人事务，还能够很好地照顾自己的一种能力。[①]综合来看，我们希望儿童在面对问题和困难时能够独立自主，养成独自分析和解决问题的良好习惯，能独立完成个人事务。而这种能力，无疑可以通过劳动培养。

爱生活的孩子热情洋溢。每个对生活充满热爱的人在面对生活的挫折与困境时总能化险为夷。想象这样的画面：清晨，孩子们回到幼儿园，热情地与伙伴、老师打招呼，餐点前结伴去花园里折几枝鲜花回来插入花瓶，摆在铺着小碎花桌布的桌面上，安静地取餐坐下品尝美食，餐后有序地用抹布清理桌面，然后坐在安静的角落阅读……能用鲜花装点自己生活的孩子一定是非常热爱生活的。

生活既在当下，也指向远方。儿童通过劳动的方式真实地体验生活，能获得物质上的回馈和精神上的支持。劳动对于儿童的价值不仅在于掌握生活技能，更重要的是培养一种指向未来美好生活的态度。

儿童拥有创造美好、享受生活的能力是每一个教育者的终极理想。儿童在劳动中体验生活的乐趣，并从中获得持续创造美好生活的能力，这样一种蓬勃向上的发展驱动力促使他们与周围世界充分接触，把世界装进身体，由此成为一个完整的人。

4.2 一日生活中关于劳动的那些事儿

劳动源于儿童真实的一日生活，劳动教育也应渗透其中。广义上，儿童的一日生活包含着幼儿园生活、家庭生活和社区生活等，这里主要探讨儿童在园的一日生活。

---

① 蒙台梭利. 蒙台梭利早期教育法［M］.北京：中国发展出版社，2006：66.

4.2.1 入园、离园

1. 晨间大段时间支持儿童为一日生活做准备

一日之计在于晨，晨间的大段时间是满足儿童一日生活实际劳动需要的重要环节。儿童要在园度过完整的一天，需要提前准备，如为户外运动准备器械、为自主游戏清点检查材料、为午餐装饰餐桌……所有儿童能自己做的事情都让他们自己做，因为只有亲身劳动实践才能让儿童有真实生活的感觉。此外，儿童入园后自然进入劳动环节，使用多样化的劳动工具，在动手操作体验、与环境和同伴的互动中开启多重感官，充分调动身心状态，为唤醒和开启新的一天做好充足准备。儿童在晨间可以做什么呢？可参考以下内容：

◆ 准备后续活动需要的随身物品（如衣服、袜子、汗巾、水壶等）；

◆ 检查班级室内外和幼儿园的环境与材料，可进行清洁、整理；

◆ 照顾养护班级负责的动植物（如浇水、除草、喂食、清洁等）；

◆ 为各类后续活动做准备（如户外运动前检查场地，清洁、准备器械，为学习和游戏活动准备所需的操作材料等）；

◆ 应对突发的天气和事件，可临时调整劳动计划（如雨天整理雨具、处理发霉物品等）；

◆ 需注意，周一的晨间比较特殊，是新的一周的第一天，可重点完成整理床铺、环境检查、材料归位等劳动。

2. 劳动预告是至关重要的第一步

儿童只有清楚地知道自己要做什么以及为何而做时，才会更积极主动地参与劳动，劳动对他们来说才不会成为负担。因此，教师要充分重视"预告"这一环节。预告，不仅仅是告知儿童要做的事，更要告诉儿童这样做的意义，例如会给自身、同伴、幼儿园带来什么样的变化。我们可以在一天结束的离园环节，与儿童一起总结复盘当日生活，预告第二天的大事小情，以此帮助儿童建立对生活的真实感受。

3. 劳动计划与公告是建立儿童秩序感的重要保障

儿童在了解劳动预告后，虽然对自己需要做的事情已有了计划，但是在大的集体中如何分配、分工、协调和合作等还存在不足，或许只要在环境方面稍下功夫，就会有显著效果。这可以从一块劳动计划板说起，它背后蕴含着教师的多重考量，如劳动项目与劳动工具的搭配使用、劳动人数的安排、劳动时长的考虑、劳动自我评价等（见图4.1）。当儿童准备开始劳动时，他们需要将自己的计划与班级的劳动计划相结合，环境的暗示能让儿童有序选择、合理分工、各司其职，无需教师催促，儿童完全有能力且有充分的自由完成这些，这恰恰是儿童在生活中建立秩序感的重要途径。

图4.1　儿童一早来园做好当日劳动计划，为接下来一日生活做准备

第一，提供丰富多样的劳动项目，供儿童自主选择。当然，这些劳动项目是教师与儿童一起提前商量制定的，包含生活中常规劳动项目（这是每日必做的），以及依据一些活动事件临时生成的项目。

第二，依据场地的大小、劳动项目的难易程度、劳动时长来确定每个劳动项目的人数，可以用数量位点和儿童头像来实现。这不仅能起到限制人数的作用，还能促成儿童在劳动中的交往和合作。

第三，自我劳动评价很重要，一般可在劳动项目后面增加一项儿童自我评价。儿童在完成劳动后，可以选择对应的标签（很棒、还可以、还需继续加油）或通过绘画、书写、语言表征等方式，对自己或自己与他人合作的劳动成果进行评价。

第四，除了平面的劳动计划墙，还可以尝试将立体的劳动地图引入劳动中，这有利于儿童直观地将自己置于大空间中去观察、丈量环境的需求，也为他们的劳动计划增添趣味（见图4.2）。

①   ②

图 4.2 打破以往劳动地图平面性的局限，将地图制作成可与儿童互动的立体形式，儿童可用插"小红旗""木头小人"等表示自己在环境中选择的劳动

4.2.2 用餐时光

"夫礼之初，始诸饮食。"对儿童来说，"吃"可是头等大事，是日复一

日生活中必不可少的重要环节。从小班开始，儿童就要开始学习为餐点做准备，将碗筷摆放整齐，准备自己的碗碟、餐巾，用餐结束后再将桌面擦拭干净……

除引导儿童学习常规的用餐准备外，我们还希望儿童能通过劳动让生活变得更加美好，从小培养享受生活、热爱生活的情感，为未来的完满生活做准备。例如，用餐前一起从树下拾来漂亮的树枝装饰餐桌，合作铺桌布、剪花、插花，在优雅的氛围中共享午餐，让装点生活成为大家乐于参与的趣事。

此外，善于发现生活中的真实需求，能为儿童参与劳动创造更多机会。只有抓住儿童生活中的某些契机，才能促使劳动转化为劳动教育。例如，很多幼儿园都会为儿童的午点提供牛奶，而将牛奶从厨房运到各班，以往常常是厨房阿姨或教师的任务。其实，大班的儿童完全可以胜任。在"送牛奶"的这一挑战中，儿童通过统计班级人数、清点核对牛奶数量、寻找托运方法等，团结协作地完成这件与大家生活息息相关的大事，解决这一平凡小事意义非凡！

4.2.3　各类活动

正如前面提到的，儿童的一日生活中处处蕴含着劳动契机。除了日常的吃、喝、拉、撒、睡，幼儿园的各类活动中也隐藏着很多契机。教师在设计和准备活动时，要知道重要的不仅仅是那 30 分钟的活动过程，从计划开始，甚至准备阶段，儿童的角色就十分关键。他们可以发挥聪明才智，共同商量制定活动流程，还能为接下来的活动准备各种材料、器械。活动结束后，儿童也能成为得力帮手，收拾、归类、整理等都不在话下（见图 4.3、图 4.4）。可见，活动前后的环节蕴含着诸多劳动契机，这需要教师充分了解儿童的特点和兴趣，把握好活动节奏与时间。

图 4.3 体育活动前，儿童和教师一起准备器械

图 4.4 自主游戏前，儿童自己准备器械和游戏材料

更值得一提的是，儿童在自然生态环境中的创造性劳动。儿童在自然环境中可以轻易发现各种各样的自然材料，当他们能熟练运用这些材料（如棍子、石头、松果、贝壳、叶子、水、沙等），创造性艺术作品便应运而生。这时，教师可以提供用于收集和分类的工具（如托盘、桶、耙子、夹子等），还可以添加记录纸和更丰富的艺术辅助材料，鼓励儿童大胆地观察、创作（见图4.5）。这里所说的创造性劳动不止于此，还有很多其他的表达，如写生、插花、扎染等都是点亮美丽生活的劳动方式。

图 4.5　儿童利用柠檬桉树掉落的树皮，制作成独一无二的树叶标签，他们说，这是在给柠檬桉树穿新衣服，戴项链

4.2.4　特别的日子——劳动日

《小王子》中的小狐狸曾说，仪式就是，它让某一天不同于其他日子，某一个时刻不同于其他时刻。人正是在发现生活中每时每刻的不同中领略到生命的精彩。仪式感的根本，是让儿童懂得爱与责任，帮助儿童建立对生活的期待。因此，我们提倡赋予儿童有仪式感的日子，激发儿童对生活的热爱。例如，可以将每周五定为班级劳动日，向孩子们预告具体的劳动项目。在这一天，每个孩子都会挽起袖子，踮起脚尖做力所能及的劳动：有的挥舞扫把扫班级门口的落叶，有的认真地叠好抹布擦拭睡了一周的木床板，还有的蹲在水池边洗刷自己的小拖鞋……每个人参与其中，各司其职，为新的一周做好充分准备。除了劳动日，劳动还有很多有趣的打开方式。

1. 角色交换日

在角色交换日这一天，儿童可以体验幼儿园中不同的劳动角色，在不同岗位劳动者的"行动轨迹"中了解多样的劳动内容，不但能学到丰富多样的劳动本领，更重要的是能从中体会他人的不易，学会尊重他人的劳动成果，这种形象化、具体化、体验式的劳动教育远比单纯的说教更有效。

2. 教室"焕然一新"日

教室"焕然一新"日就是给书包、床铺、玩具、图书来个大变身，教师可以和儿童一起设计心目中的教室，然后归纳、整理、布置，让教室焕然一新。通过劳动实践，真正建立儿童内心的空间感和秩序感，用实践证明劳动确实能够创造生活的美，改善我们的生活环境。

3. "变废为宝"日

小脑袋有大智慧，在将"垃圾"变成"作品"的过程中，儿童能凭借自己的智慧，亲手让废旧物品重获新生，锻炼儿童动手能力的同时，也能促进儿童在生活中发现美、欣赏美、创造美，在他们心中种下生态环保的种子。

4.3　幼儿园一定是井然有序的吗

一个充满真实生活气息的幼儿园，儿童的痕迹必不可少，且应真实地呈现在幼儿园的环境中，这是幼儿园有别于公园、游乐园的魅力之处。

幼儿园里存在一定程度的杂乱并非坏事。这里有许多充满热情的小行动者，当散落着的工具、玩具和器械，直接呈现在儿童的眼前，他们会更积极关注环境的变化和需要，内心会产生"这里需要我""我可以完成这件事"的想法，并付诸行动，这对儿童自信人格的培养至关重要。当然，这只是理想状态。在此过程中，我们不得不面对一些现实问题：并非所有儿童都能留意到环境中的"杂乱"。因此，教师在这个过程中的引导和鼓励就显得尤为重要，适当且适时的提醒往往能起到意想不到的作用。例如，教师可以对孩子说："天哪，这些娃娃都找不到自己的家了，哪位能干的小朋友能帮帮它们呢？"我们深信这句话的力量，幼儿园里任何一个热情的小行动者听到后，都会迫不及待地冲过来收拾"残局"。

需要强调的是，这种"杂乱"不应长期存在。当长时间受到生活环境的浸润，儿童内在的劳动自觉被深度唤醒，他们内在的秩序感会逐步形成，届时幼儿园的整体环境便会焕然一新，令人充满期待。

在生活中，我们时常能见到这样的景象：

秋冬干燥，孩子们午睡后起床洗漱，得擦润肤露保持皮肤湿润，他们喜欢将这件事称为"擦香香"。这件事看起来简单，但并非每个孩子都擅长。于是，在靠近娃娃家的柜台上，我们为孩子们创设了一处"擦香香"的生活场景，准备了镜子、梳子、润肤露等必需品，尽管每天都会重复"擦香香"的过程，但还是难免会出现慌乱的时刻。

　　一天下午，阳阳对着镜子"擦香香"，忍不住嘀咕："每次都挤出来太多了。"再看，阳阳将润肤露糊了一整脸，眼睛都睁不开了。一旁的家家忍不住笑了："你看看你，是小花猫吧！我会挤，你看！"结果，家家也没控制好力气，挤了很多润肤露出来。"这究竟是为什么呢？"家家皱着眉头思考着，"一定是它的口（指润肤露的瓶子）太大了，所以挤出来就很多。"于是，几个孩子便决定要找适合挤"香香"的小瓶子。第二天，孩子们从家里搜罗来各种自认为最好用的"瓶子"，有小喷壶、按压瓶、方罐儿……齐刷刷摆在了柜台上，大家热情地向伙伴介绍着自己的"瓶子"。阳阳说："用这种小小的喷头，挤出一颗豌豆那么大就够了。"

　　有了新"瓶子"，孩子们学着用新的方法，有的挤、有的按压、有的勺取，越来越多孩子愿意加入"擦香香"的行列。原本有些困难的事，现在看来却显得简单又有趣了。

如何让儿童的生活变得有趣又充满期待，是我们一直关注的。生活中一些必要的劳动技能是儿童需要掌握的，这对提升他们的生活质量至关重要，不同年龄的儿童面临的问题和挑战各不相同，或许在儿童生活周边打造一些趣味性的劳动小场景，能给他们的生活增添更多乐趣。以下是一些参考性建议：

◆一般选址在班级周围的角落或私密区域，不阻挡通道，将墙面利用上更为适宜；

◆一般容纳人数为2～4人，具体人数设置依空间大小来决定；

◆劳动场景打造具有明显的年龄差异，小班可设"穿脱鞋袜和外套"，中班设"擦香香"，大班设"我会扎头发"；

◆关注儿童的兴趣点和生长点，动态调整材料，让儿童持续期待和实践；

◆与家长建立密切联系，衔接儿童幼儿园与家庭生活的共同需要。

4.4　儿童是真实生活中劳动的践行者

4.4.1　常与儿童讨论生活中遇到的难题

常与儿童讨论生活中遇到的难题是极为关键的一步。无论是父母、教师、还是其他教育者，都应引导儿童学会关注现实生活中面临的问题，并讨论解决方案。这不仅能够促进儿童形成敏锐的生活观察力，学会从点滴生活中捕捉成长的契机、肩负起解决生活难题的责任，还能拉近成人与儿童之间的关系，便于成人给予适时适宜的支持和帮助。物质决定意识，当"解决问题"这一行为开始发生时，儿童的思考便应运而生，这时"劳动"也就随之开始了。

4.4.2　保证充足的劳动时间：儿童享有悠闲的生活时光

保证充足的劳动时间，是为儿童提供享受悠闲生活的机会。在碎片化一日生活时间指引下，儿童的劳动较为单一、刻板，难以获得完整、连续的劳动体验。儿童受自身能力和发展水平的限制，需要足够的时间动手实践，否则就会出现儿童急急忙忙，事情无法妥善完成的情况。对大人来说，或许只是简单的拉拉链、解纽扣、穿袜子，但对儿童来说，这可能需要他们花费大量的时间，甚至多次尝试才能成功。为解决这一问题，我们将原本碎片化的时间由"零"化"整"，为儿童提供充足的劳动时间，给予他们足够的空间和机会去实践（见图 4.6）。从某种意义上说，调整劳动时间其实是为儿童的生活留白。在当今快节奏的时代，"慢下来"似乎是一种奢望，我们希望儿童能在充裕的时间里，真正慢下来做好一件事，在悠闲的时光里感受劳动过程，享受劳动带来的满足感和成就感，让悠闲时光赋予儿童从容、自信的力量去面对漫长的人生。

图 4.6

儿童喜欢在"浇水"这件事情上花费时间，观察阳光和水流在植物上的变化

4.4.3 共同设计收纳空间

不知你是否有过这样的经历：体育活动后，随地摆放的书包、汗巾令人头疼；区域游戏结束，娃娃家狼藉一片，孩子们尖叫着摆弄区域柜旁散落的玩具、拼图……你会发现，当教室一片混乱时，你和孩子都会变得烦躁不安。环境对人的影响是巨大的，井然有序的学习生活环境能让人感到放松和愉悦。要想提高生活的品质和幸福感，就离不开日常的整理收纳。

"收纳"理念起源于美国，发展成就于日本，山下英子[①]、近藤麻理惠[②]等设计师是"收纳学识"的忠实拥护者。这样的发展与日本国土面积狭小、居住空间局促以及对精致生活的追求密切相关。在生活空间上善于"收纳"，在精神世界中敢于"遮蔽"。"收纳"其实是日常生活中的基本能力，将宏大浓

[①] 山下英子，生于东京，日本早稻田大学文学部毕业，是人生整理概念"断舍离"的创始人。2000 年起，山下英子以杂物管理咨询师的身份在日本各地举行讲座，开始引起日本全民断舍离的热潮。

[②] 近藤麻理惠，自创"怦然心动整理法"（KonMari Method），将日本整理美学带到西方，掀起了"KonMari"的风潮。

缩，将事物做到"小而规整""小而美观"，既是一种独特的收纳文化和生活方式，也是劳动的重要内容。如何规划设计合适的收纳空间、如何整理和舍弃无用的物品，这样的生活理念与方式备受关注。幼儿园作为儿童日常生活与学习的场所，发挥着巨大的环境影响作用，有怎样的环境，就会造就怎样的儿童。因此，我们倡导教师与儿童共同设计收纳空间，营造一种家的氛围，让有限的生活空间发挥最大价值。

1. 带着孩子们择物

收纳的源头是"择物"。一个人周围的物品在某种程度上代表着他的生活状态，一物一景，基于需要和感觉去选择物品。择物与选择生活方式在某些方面是相通的。例如，与儿童一起讨论如何将玩具分类、分批次陈列摆放，玩好后可以将玩具按类别收拾整理到哪些地方等，这些有助于儿童养成有序、简约的生活习惯。

2. 定位适宜的地方

确定放置物品的地点。定位比归位更重要，让每个物品都有自己应在的地方，环境必然是整洁而有序的。我们经常遇到这样的现象：孩子们将娃娃家的玩偶随手塞在能放的抽屉、柜子里，等到下次再玩的时候，却始终想不起来到底塞到哪里去了。究其原因，主要是我们很多时候没有认真思考过什么区域应该放什么、怎么放。如果和孩子们一起为物品确定了适宜的位置，就不会出现找不到的情况，物品也不会成为收藏品、摆设，同时为后续的归位打下基础。

大部分幼儿园都会将柜子、地面作为主要的收纳区域，但当我们站在设计者的角度立体地审视一个空间时，会发现传统的收纳方法可能错失很多机会。例如，不起眼的角落、墙面、衣柜后面，只要是孩子们乐于去且便于取放材料的地方，都能被利用起来成为收纳空间。因此，定位适宜的地方成为收纳工作需要考虑的重要环节之一。

3. 发现通道

通道一般能起到联通区域的作用。在理想的情况下，这里产生的游戏、活动是自然而有序的，能让儿童在室内外空间移动的过程中感受到身体和情绪的流畅感。很多幼儿园都有类似的区域，孩子们常在那里玩玩具、看书，所以利用通道能让收纳效果事半功倍（见图4.7）。

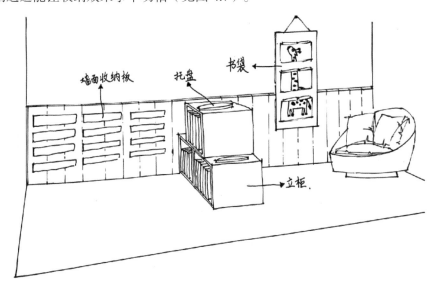

图 4.7　一处位于教室入口，连接室内外区域的通道。在这里，立柜起到了很好的区域分割作用，悬挂在墙面上的书袋、收纳板提醒儿童阅读、操作后要记得收纳整理。

4. 发现一些角落

角落往往是最容易藏污纳垢的地方，也是最容易被忽略的地方。然而角落却是孩子们很喜欢的地方，具有私密感的角落能让他们获得安全感。只是，孩子们待过的角落往往一片狼藉，因此这些角落应成为收纳工作的重点目标。

5. 便利的收纳工具

收纳工具是完成收纳整理工作的重要帮手，幼儿园里也不例外。我们常见的用于在区域柜中储存积木玩具的盒子、箱子都属于收纳工具。在选择便利的收纳工具时，可参考以下几点因素。

◆选择具有针对性的收纳工具。带着孩子们到各个区域观察空间特点，由孩子们确定自己的"天地"里缺少哪种容器或其他工具。

◆数量得当。收纳工具并非数量越多空间就越整洁美观。如果空间狭小，那么过多的收纳工具只会让空间显得拥挤。因此，要根据空间的大小准备适量的工具、容器等。

◆尺寸适中。选择适合空间尺寸的收纳工具，对于充分利用空间和整理摆放物品非常有帮助。关于收纳工具尺寸的思考，很适合作为中大班儿童的探究活动内容。

◆色调统一。摆放在儿童周边的收纳工具，应尽可能统一颜色，让它们与其他软装、家居的整体色调保持一致，这样可以消除空间的杂乱感。对于那些可以隐藏收纳起来的容器，也尽量遵循这一原则。

◆收纳工具的材质。以收纳箱为例，不同材质的收纳箱有着不同的作用。目前市面上流行的收纳箱材质主要有塑料、藤制、木质、无纺布等。可以和小朋友一起讨论用哪种工具收纳更加便利、实用。

6. 使用标签

别小看一枚标签，它能完美地解决这些问题："老师，三色积木在哪里？""你看到粉色小球球了吗？""老师，我的汗巾不见了！"唯有标签，能让看不见的物品变成看得见的规则。标签不仅能让物品被看见，让归位变成一件自然而然的事，而且在无形中，标签的存在也在提醒孩子不应乱放东西，帮助他们更好地理解"从哪里拿的就放回哪里去"的规则。

针对标签的设计与使用，要注意两点：一是标签传递的信息，即我们希望让儿童从中习得什么；二是设计并使用儿童能理解的标签，这一步可以尝试交给孩子。目前出现在幼儿园的标签主要有纯文字版本、图文版本、纯儿童插画版本。纯文字版本的标签主要用于收纳成人的东西或由教师负责拿取的物品，到大班后期也可以教孩子们认识生活中常见的文字标签。图文版本和纯儿童插画版本的标签主要用于收纳孩子们的物品，对小班的孩子来说，将实物图直接设计在标签上，他们能通过观察快速知道如何归位；而对于中、大班的孩子，他们完全有能力理解标签上的图示部分。

下面是一些儿童参与设计与使用标签的应用示例。

◆ 值日生标签

图 4.8

这是大班值日生的胸牌。由孩子们和老师一起讨论"值日生需要做的事情"，在标签上画出具体的内容，并选择固定的位置，用串绳串好挂在挂钩上

◆ 玩具标签

图 4.9

与孩子们讨论班上的玩具、材料，选择共同认可的图示放在标签上，便有了非常清楚的材料标签

◆ 户外工具与材料标签

图 4.10

园内凤凰树下的一处"音乐角"十分引人注目。这里提供了一个带隔板的置物筐，便于分类放置各种乐器。在其附近树立一块提示板，请儿童参与设计标签的图示部分

收纳是改变生活的魔法，孩子们学习收纳、整理的过程本身就是一种对自我生活需要的回应与发展。收纳能让我们的生活空间、时间，甚至是对生活的想法、感受，都有条不紊地铺展开来。

4.4.4　儿童喜爱的事情

儿童喜爱的事情一定是跟随他们内心的需求和兴趣产生的。只有真正了解儿童喜欢在幼儿园做的事情，才能知道如何支持他们更好地生活。当询问儿童最喜欢在幼儿园做什么时，大部分儿童倾向于列举游戏，以及那些能获得直接体验或成果的活动，像画画、进区活动、手工之类。有趣的是，部分儿童提到了一些因周边自然环境而衍生的活动，如浇花、喂小鸡、捡落叶等。我们随机采访了一些儿童，来看看他们的回答。

　　"我喜欢回幼儿园给那些花花浇水，它们会慢慢长高。"（见图4.11①）

　　"这个是树叶，从树上掉下来了，很多树叶堆在一起。我拿夹子把它们捡干净，这就是我喜欢做的事。为什么喜欢在这里夹树叶呢？因为为了帮助大家，太多树叶会导致大家滑倒，其实我觉得还是挺有意思的。还有就是喜欢踢足球。"（见图4.11②）

　　"我喜欢在美工区折飞机，我折的飞机可以飞很远。我还喜欢在建构区玩多米诺骨牌，每次搭建的时候都有不一样的惊喜。我还喜欢一大早就来幼儿园，修剪枯树的树枝，如果不修剪，我们幼儿园门口的花很快就会枯萎。我也很喜欢在幼儿园听音乐。"（见图4.11③）

　　"我小班的时候喜欢捡落叶，现在喜欢给小鸡喂食，我有时候会少倒一点给它。"（见图4.11④）

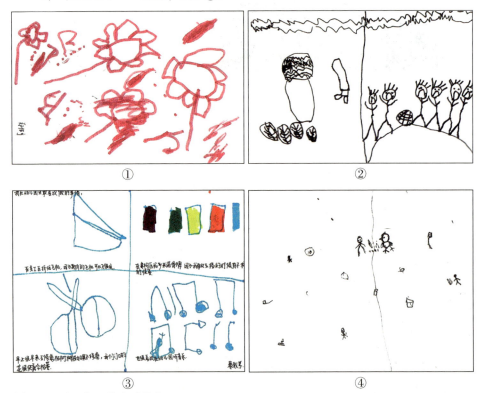

图4.11 孩子们画的喜爱的事

可见，儿童喜欢做的那些事与他们的日常生活紧密相连。当我们从儿童喜欢做的事情开始思考时，劳动离生活就不会太遥远了。

4.5　教师能做些什么

儿童劳动的过程，也是体验生活、探索周围世界的过程。在这个过程中，儿童始终保持着天生的好奇心以及对周围事物变化的感知力。尽管如此，他们仍然需要来自成人的鼓励，需要成人支持并引导他们保持探索与发展的劳动精神。儿童的学习并不是通过他人告知或传授周围世界的奥秘，而是通过自身的体验和实践来构建对世界的认知，因此儿童需要的是能支持他们自主活动的成人。但大部分成人包括教师，对成为一名"无声的支持者"往往并不在行。他们可能会理所当然地将注意力和精力集中于安全、卫生等事务上。例如，他们可能会认为儿童不应参与收拾陶瓷碗筷、打扫卫生间之类的劳动，反而会反复叮嘱儿童远离水龙头或水泵，希望儿童保持双手洁净，不要弄脏自己的衣服。或许他们认为只有这样才算是尽到成人的教养之责，但往往儿童的学习机会便在这种"保护"中悄然消逝。

因此，我们鼓励成人化身儿童生活中充满力量的伙伴，将自己视为儿童在生活中劳动的有力促进者，并为其提供有效的指导。

4.5.1　促成与他人的合作

劳动的过程中蕴含着非常多的合作机会，而合作有很多种方式，也发挥着不同的力量。所以，教师对"合作"的理解至关重要。首先要看到，儿童具有差异性，并不是每次尝试都适用于每个儿童，因此教师要学习并了解多种支持儿童合作的方式。比如，在活动设计前根据儿童的性格特点考虑合作的可能性。

一天，餐前活动时我展示了几张美食图片，想让孩子为当天的午餐设计菜谱，可我发现三三一直在四处张望，迟迟没有动笔。我想到之前每逢绘画，三三都难以独自完成，于是我对大家说："如果有小朋友不会，那么你可以找擅长的小朋友一起完成这份菜谱。"听到我的话，三三立刻跑到小玉身边，主动寻求伙伴的帮助。

另外，设计具有一定难度、需要儿童与他人合作才能完成的活动。换句话说，教师应走在儿童发展的前面，发现儿童的"最近发展区"。

花园里，孩子们耙了很多杂草，如何将这些杂草以最快的速度收集起来，并运往垃圾箱，成为大家讨论的话题。

望之："草太多了，我们需要个袋子。"

可乐："我知道哪里有，我去拿袋子，你把杂草都放到一起去。"

望之："太多了，我根本耙不完。"

心心："可以用扫把扫到一起。"

心心帮助望之将杂草扫到了一处，但新的问题来了，塑料袋没办法装下所有的杂草。

望之："塑料袋小了，装不下全部的草，怎么办呢？"

可乐灵机一动："推车比较大，还有轮子，我们可以用它运草。"

要对儿童的合作行为给予及时的肯定与反馈。在这里，儿童的合作行为不仅包括儿童之间的合作，还包含主动向他人发起合作的行为倾向（见图4.15）。儿童的合作行为与倾向在被发现和被肯定的过程中得到强化，这对于儿童的社会性发展来说是十分必要的。

图 4.15

因豆角生长衍生出的搭架子活动，教师鼓励儿童一起合作完成

4.5.2　鼓励、支持每个孩子成为自信且有力量的人

儿童的自信与力量源于对自我能力的肯定，因此如果我们希望孩子对生活永远充满热情，成为一个自信且有力量的人，那么鼓励、支持每个孩子拥有服务自我、服务他人、服务环境的能力就至关重要。服务自我是第一步，儿童在掌握生活技能、实现生活自理的过程中孕育自信人格。接着在服务性劳动的给

予与馈赠中建立起和谐关系，能够敏锐感知他人的情绪并给予回应，增强对他人和环境的关心，拥有同理心；积累对社会劳动者的认知和体验，尊重为大家服务的人，激发社会性利他行为，成为有公德、爱服务的人。在服务自我、他人、环境的过程中养成开朗、乐于交往的性格，以及尊老爱幼、尊重和爱护一切生命的品质，成为一个自信且有力量的人。

4.5.3　对他人的服务表达感恩之心

"我长大了要当一名医生，救很多的病人。"

"我长大了要当歌唱家，去世界各个地方唱歌。"

"我要当环卫工人，把整个城市打扫得干干净净。"

"环卫工人是做什么？"

"环卫工人就是扫大街的，我妈妈说了只有没出息的人以后才会去扫大街！"

这是来自大班孩子的一段对话。很难想象，数年后那位理想是成为"环卫工人"的孩子是否还保留着最初的愿望。《3—6岁儿童学习与发展指南》指出，尊重为大家提供服务的人、珍惜他们的劳动成果是社会领域的培养目标之一。因此，教师引导儿童对他人的服务表达感恩之心是非常必要的。

对儿童来说，亲身体验比说教更有价值，这位大班教师在她的教育随笔中写道：

终于到了孩子们期待已久的阳光水果餐时间，我们准备把桌椅搬到草坪上去，但是孩子们发现，台风过境后的草坪上散落了很多断裂的树枝、带着泥沙湿漉漉的落叶，一点儿也不美观。想到前段时间孩子对"长大后的职业"的讨论，我发现今天是个不错的机会。于是我对他们说："今天幼儿园的保洁阿姨还没来上班，所以大家如果想在这片美丽的草坪享用阳光水果餐，就需要先清理这些树枝和落叶。"尽管孩子们迟疑了一会儿，但还是开始行动了。大家忙碌了好半天，才勉强将草坪收拾干净，满头是汗的青青说："阿姨工作太累了，幼儿园这么大，还有那么多地方要清理，真是辛苦。"心心点点头认同道："阿姨让整个幼儿园都变得干干净净，我们才有这么漂亮的地方玩。"下午，孩子们遇见保洁阿姨时，主动打起了招呼，还有几个孩子大声地对阿姨说了"谢谢阿姨"！

可见，教师引导儿童亲身体验能让儿童设身处地地为他人考虑。感恩之心并非一朝一夕可得，儿童感恩意识的发展不仅经历着从以自我为中心到换位思考的过程，还经历着从外部行为模仿到内化情感激活的过程。在外部行为模仿阶段，教师及其他成人的示范作用至关重要，教师的态度会对儿童的观念产生直接的影响，进而影响感恩情感的生发。

4.5.4　把"问题"交给儿童

当生活中的问题真正来临之际，儿童才是解决问题的主角，而教师大多扮演的是"托底角色"。把"问题"交给儿童是需要勇气的，要支持儿童运用各种已有生活经验去解决问题，相信他们的能力。但当儿童因无法解决而沮丧、愤怒时，我们也需要及时帮助他们明晰并解决问题。值得注意的是，问题的明晰和找到如何解决问题的方法应当源自儿童而非教师，教师的帮助仅出现在"儿童需要时"。做到这点的前提是在心理上允许试错。教师在心理上允许儿童试错，某种程度上也是教师对自我试错的一种接纳。当我们以爱为纽带，追随儿童本身，才能真正激发并延续教育实践中源源不断的生命力。

第 5 章

劳动走进自然

5.1 劳动与自然：共生共长

大自然宛如一座充满魔力的宝藏，对儿童散发着无尽的吸引力，一年四季给他们带来数不清的惊喜。儿童也享受着大自然的馈赠，或是大树结出的累累硕果，或是雨后突然冒出的蘑菇，抑或是菜地里悠然爬行的蜗牛、蚂蚁……儿童与大自然往往是从游戏、劳动开始建立联系的，在亲身体验和动手实践中加深彼此的联结。同样，儿童的劳动实践活动也对自然产生着深刻的影响，于劳动中探索自然、熟悉自然，进而懂得尊重和保护自然。只有让儿童在自然中真切体验到劳动的乐趣，才能让他们学会与自然共生之道，并在未来的生活中更好地保护和利用自然资源，为地球可持续发展贡献力量。

劳动与自然共生共长——充分尊重自然，与自然共生。将真实的大自然引入儿童生活周边，塑造一种适合儿童生活的自然生态，引入丰富多样的工具和材料，搭建与自然沟通的桥梁。儿童通过劳动发现自然之美，从而真正亲近自然、融入自然。同时，充分尊重天性，与儿童共生。劳动教育充分顺应儿童的内在天性，将儿童置于教育的主体地位，教师则是助力者，为儿童营造环境、创造条件，推动其主动探究和实践。

5.1.1 儿童经由劳动回归自然

随着工业技术的发展与人工智能的兴起，越来越多的人与大自然日渐疏远，儿童也不可避免受到了影响，与自然接触交流的机会寥寥无几。而劳动恰恰是有效解决这一困境的良方。儿童经由劳动进入自然，建立与自然的连接，通过劳动加深与自然的联系。儿童在自然界中劳动越多，大自然的秘密展露得就越多，他们的劳动热情也就越高涨。试想，若没有儿童对植物的照料养护，他们又怎会直观地认识和习得植物与动物间的竞争、共生等生态关系呢？又怎会知道将果皮、蛋壳、花瓣等制作成废料给植物施肥呢？自然能为儿童劳动带来无限的吸引力，劳动也能唤起儿童亲近自然的天性，使其能在身心俱动中感受劳动趣味，主动投身劳动，经由劳动回归自然。

5.1.2 儿童透过劳动发现自然

自然中蕴含着丰富的、动态的劳动场景，能激发儿童与其积极互动，这是儿童亲近自然的天性。无论是在小菜园里种植蔬菜，还是照料小动物，都需要儿童亲自动手。劳动是跨领域、跨学科的综合活动，儿童可能在松土时沉醉于挖掘泥土里的小石块，将石头捧在手心感受地球上亿年间变化留下的坚实质感；收获之际，他们会惊叹于传统农谣里"清明前后，种瓜点豆"的古朴智慧。照顾小动物、孵化小鸡、清理鸡舍、享用美味的鸡蛋，在日复一日的陪伴中，儿童能够感受到自己的行为与周遭环境、事物、天气之间微妙关联。这些生动的场景，能够吸引儿童主动付诸行动，从而实现由兴趣驱动到自我探索的转变。儿童作为自然界中重要的一分子，正是在与自然互动中逐渐理解自己在其中的位置以及与自然的关系。在劳动中，人与自然的关系走向和谐，劳动是人与自然之间、人与人之间沟通的桥梁。归根结底，劳动教育的根本目的是实现人与自然的和谐共生。

5.2 充满惊喜的土壤之旅

"小米快过来，这块地里有西瓜虫！我刚一碰它就变成一个球了！"

"老师你看，我在菜园里挖到了宝石！"

"原来菜地里藏着这么多惊喜呢！"

"我发现水稻田的土、菜地的土和草坪上的土都不一样。"

············

当儿童投入自然的怀抱，日常劳动中常常会有这些充满趣味、令人兴奋不已的发现和对话。他们或许是在泥地里忙着加水、搅拌、修建大坝；或许是在菜地里忙着追赶扑扇着翅膀的菜粉蝶，却被土里突然钻出的蚯蚓吓了一跳；又或许是在拔草时因挖到新鲜的"水晶萝卜"（酢浆草的根）而喜出望外；抑或是在草地上打滚嬉戏……虽然土壤随处可见，但它是大自然中最重要的一种存在，是孕育万物的源泉。儿童天性愿意亲近土壤，在他们眼里，土壤充满着未知和神秘，里面藏着丰富的宝藏。那些突然出现的蚯蚓、蜗牛等小生命，或是偶然挖到的"宝石"（指各种小石头），都给他们的日常生活带来无尽的惊喜和期待。

5.2.1 与土壤亲密接触

对于儿童来说，一开始他们并不能直接将土壤和动植物联系起来，只是单纯地对变化无穷的泥土充满好奇。因此我们认为，当儿童走进自然，首先应让他们全身心感知土壤、接触土壤，和土壤一起做游戏，从而与土壤建立一定的感情。与土壤亲密接触的第一步，可以从游戏、自然体验等角度开启。

1. 可能需要的材料

①用于沙水混合的容器（可供玩泥的材料、器具），如小桶、盆、勺子、铲子、小水壶、滴管、海绵、量杯、刷子、网筛、模塑、不同肌理表面的材料（如叶子、编织物、齿轮等）。

②其他辅助材料：小围裙和袖套。允许儿童可能会弄脏衣服（一套备用衣服）。

③场地选择：最好直接选择种植园地，便于儿童后续的种植活动，使其

对土壤的情感纽带更加牢固；也可以选择一块能容纳 8 个以内儿童的泥地（户外可供儿童挖、踩的草地），如果没有，可以用若干装有泥土的种植盆代替。场地尽量选择在靠近水源的地方。同时，务必检查场地的安全，查看是否有尖锐、锋利的小石块、植物（有些植物叶子边缘比较锋利，容易划伤儿童）。

2．一些建议的活动

①玩泥巴小怪兽的游戏。

②制作一个泥坑并跳进去。

③在泥巴地里打滚变成小泥人。

④向印第安人学习，用泥巴和自然材料在丛林间伪装自己（适宜夏天）。

⑤利用五色土精心化妆，举办一场别具一格的原始"土著"舞会。

⑥打造一个泥巴厨房。

⑦搭个土窑可以烤制食物（场地材料允许的话）。

⑧自建土坯屋（场地材料允许充足的话）。

⑨给小动物搭建土屋。

⑩在幼儿园的不同地方寻宝，可能会发现不同类型的泥土。

5.2.2　土里的秘密

在过往的经验中，我们开启种植的第一步往往会了解植物及其种子，却在不经意间忽视了一个至关重要的角色——土壤。土壤似乎也理所应当地成了为自然界默默奉献的守护者。然而在儿童眼里，土壤似乎是具有神秘色彩的事物，那些"藏"在土壤里的未知是他们眼中珍贵的宝藏。他们常常好奇地蹲守在菜地旁，拿着放大镜像科学家一样在观察着什么，与小伙伴分享着自己的"新发现"是一件非常骄傲的事情。儿童尤其喜欢雨后观察泥土，此时，他们能发现刚刚破土而出的小草嫩芽，运气好的话还能发现正在土壤中蠕动的蚯蚓！

图 5.1

这是一片水稻田，种
水稻前需要养田，大
班的孩子在用自己方
式"松泥土"

图5.2 儿童记录他们在地底挖到的"宝藏"

"老师，你有没有看到那片地底下有动静？"萤火虫大班的一位小朋友兴奋地说道。生活在充满自然气息环境中的孩子，往往更具有敏锐的观察能力，他发现了不远处土壤的细微变化。"我猜那里一定有蚯蚓，它在地底下蠕动，所以地面也一直跟着它动。"看着一脸惊讶的老师，为了证实自己的判断，他非常笃定地走了过去，轻轻挖开泥土，果真有一条又粗又长的蚯蚓，真是太不可思议了！

对于一些特别的植物，幼儿园借助使用透明生态缸、生态箱进行种植和养护。如此一来，植物生长的全过程将自然、直观地展现在儿童面前（见图5.3）。在日常照顾植物的过程中，他们能更加深刻地观察到植物与土壤、昆虫以及其他动物之间的生态关系，获得沉浸式的自然劳动体验，感受生命的神奇与美妙。

①　　　　　　　　　　②

图 5.3　儿童蹲守在生态缸，观察植物根系生长的特点，探寻根系和土壤间的关系

5.2.3　挖出"宝藏"

儿童对土壤里隐匿的各种"宝藏"满怀欣喜和珍视。土壤中存在丰富多样的微生物，这为孩子们带来无尽的惊喜。儿童从一方土壤中认识植物、动物，直观地认识和了解生态关系。土壤里的惊喜不仅在于不期而遇的宝藏本身，还在于那充满期待和惊喜的挖掘过程。

　　宇彤和几个小朋友一起去菜地，有人拿了水壶浇水，有人戴上手套拎着箩筐除草，还有人则拿着铲子挖土。宇彤蹲在菜地旁浇水时忽然惊呼："咦？你们快来看！这是什么？"小朋友们迅速围了上去。十月说："哇！一片叶子，好漂亮啊！"权智把那片叶子拿在手上看了看："为什么上面有一个个洞呢？它的表皮好像没有了。"宇彤指着刚刚发现叶子的地方说："对啊，有漂亮的花纹，和我们平时看到的叶子不一样，我是在菜地这里发现的，它上面还有一些泥土呢。"十月和宇彤一起蹲在菜地旁，用手翻了翻土："土是湿的，是不是因为它一直在泥土里，泥土让它变成这样的呢？"浩然说道："叶子的表皮已经在泥土里腐烂了，叶脉硬一点，没那么快腐烂，但之后也会腐烂，都会变成土壤里的养分。"

土壤里的"宝藏"令儿童着迷，"挖"这件事情也颇具吸引力。他们非常愿意在"挖"这件事情上花时间，遇到自己感兴趣的地方，会停下手里其他的事情开始挖掘，一挖就是大半天，在这个过程中他们自然而然学会使用铲子、耙子、锄头、放大镜、昆虫夹等工具（见图5.4），直到挖出心仪的"宝藏"，儿童也在探索自然奥秘的同时开启了智慧之门。

①　　　　　　　　　　　　　　　②

图5.4　三两好友相约菜地，用铲子、起子、螺丝刀等工具挖宝藏，钻研宝藏

5.2.4　一粒土看世界

土壤孕育万物生长，儿童在与土壤的接触中感知其形态、颜色和气味等，领悟生态圈的微妙关系。我们为儿童讲述"地理"，应不拘泥于传统地理概念，土壤成为儿童了解世界的重要通道，背后蕴含着更广阔的世界。儿童透过颜色各异、质地有别的土，以及不同土壤里生长的植物，了解我国乃至世界不同地区的地理位置、地形地貌、气候和人文历史等，助力其更好地感知地理空间位置、方向和空间关系，培养大世界观。

土壤持续不断地滋养万物，但其营养也容易流失，若不及时补充，便会逐渐贫瘠。儿童通过在自然中观察到落叶、花朵腐烂成为腐殖质给土壤提供营养，开始了有趣的"堆肥"探索之旅，收集树叶、蛋壳、厨余垃圾等，为土壤输送养分。正是这种生活中很常见却很重要的小事，使儿童认识了重要的自然生态循环关系和环保理念，为地球的可持续发展做出自己的贡献。

5.3　儿童的种植故事

种植作为一项综合性劳动实践活动，深受儿童喜爱。在幼儿园开展的种植活动并非指向专业的农业种植，更多考虑的是种植全过程带给儿童的教育意义。因此，如何看待幼儿园的种植，如何开展此类活动，如何进行多样的劳动体验，这些都将影响教师对种植活动的规划和设计，以及对儿童的观察。

与儿童一起开启种植之旅，种什么、怎么种、种在哪里等一系列的问题都交由儿童来决定。有趣的是，不同年龄段儿童对种植物的选择呈现明显的差异。3～4 岁儿童更倾向于选择圆圆的、色彩鲜艳的作物，例如多彩的番茄、圆滚滚的西瓜，种植的作物一定是要能直观看到、摸到和闻到的，这对他们来说才更具吸引力。4～5 岁儿童已有一定的生活和种植经验，他们会更倾向选择埋在地里的作物，如土豆、萝卜等，因为他们会从播种开始就畅想期待地底下的作物会长成什么样，各种瓜类、豆类也是他们的首选，或许是受"种瓜得瓜，种豆得豆"的童谣影响。5～6 岁的儿童更热衷于选择具有探索性和挑战性的作物，如气味独特的中草药（薄荷、艾草、金银花等）、生活中不太常见却必需的谷物（水稻、小麦等）……让儿童自己选择种什么，彰显其对于大自然的非凡想象和创造力。当然，由于儿童知识经验有限，也可能会出现不切实际的情况，此时教师不应急于否定儿童的想法，可以与儿童一起讨论，查找资料，借助专业资源，最终和儿童一起确定要种的作物，一起开启种植之旅。

这里还想强调一点，种植作物如同幼儿园的环境资源，蕴含着独特的教育价值，并非仅因美观而随意栽种，需要考虑到它在何时、何地能与儿童的生活产生连接。因此，为了不破坏儿童天然的好奇心及养成系统的观察能力（基于多次观察的结果把握植物前后变化规律的能力），儿童亲手种下的作物最好是在其经常活动的空间内，如活动室的房前屋后、走廊过道等，以便儿童能够在日常生活中随时随地观察到作物的变化及需求。

5.3.1　行走的种子

种植开启的重要一步——播种。从一颗种子到"一颗种子"，它不仅是生命的开始，也是生命的延续，更是大自然的馈赠。播下一颗种子，儿童需要倾注日复一日的辛勤劳作，等待种子发芽、开花、结果，才能获得期待已久的果实。这为儿童带来的已经远远不止一颗种子表面存在的价值和意义，而是一种希望，一种新生的力量。除了常规的播种，不妨从植物的收获环节切入，从选种、育种再到播种，与儿童一起收获果实，寻找果实的种子，了解种子的奥秘，让儿童从另一种视角认识种子的始与终。

儿童善于从相同、相似、相异的事物对比观察中习得经验，这是将儿童引入种子世界的有效途径。可从细微之处或种子源远流长的故事入手，让儿童对种子充满兴趣，产生好奇。例如，可以尝试将儿童生活周边各式各样的种子汇聚在他们身边，打造一个"种子博物馆"，在这里他们可以认识到生活中各类常见却易被忽视的种子，像科学家一样做种子发芽实验，用种子创作出独一无二的作品，甚至是在水果餐后将橙子、苹果的种子挑选出来晒种留存……儿童也正是透过一颗颗种子去发现更广阔的世界。

播种可不是一件简单的事情，不同的植物因其生长环境与特性各异，播种的方式也不尽相同，如萝卜的点播、菠菜的撒播等。儿童常以游戏的方式参与，例如，用吸管插进土里，将萝卜的种子放进吸管，使它溜进泥土里，他们说这是"种子在玩滑滑梯呢"，我们时常惊叹儿童冒出的千奇百怪的想法，并立即付诸行动去实践。在这种时候，教师只需要充分支持儿童的探索，必要时为他们补充一些科学的播种知识就足够了。

5.3.2　植物的重要变化

种植本身应是依循自然之道，其间存在诸多变数与生成性，这些偶发的生成性中恰恰蕴含了自然所赐予的诸多新鲜的学习机会。这种突发性的学习机会所带来的惊喜更容易刺激儿童的感官，吸引其关注种植活动的当下及与其关联的全过程，帮助儿童构建与劳动、自我及外界的连接，教育机会和价值也在此间悄然发生。因此，不管是种植物的选择还是场地规划，关键是要考虑这些植物能否给儿童带来持续的新鲜感与互动。植物不像动物，能够生动活泼地与儿童互动，种植活动需要成人有意地制造儿童与植物交集的契机，促成儿童与其互动。

植物在每个生长阶段会有不一样的惊喜和变化，如发芽、开出第一朵花、结果、病虫害等，对儿童来说都是惊喜的"哇"时刻，我们需要珍视并守护这种时刻，激发儿童对植物的持续关注和期待。同时，要避免对植物的泛泛观察，可以通过用手触摸、身体感知、写生等帮助儿童深入探究植物（见图5.5、图5.6）。例如，青瓜叶上长出绒毛后（未成熟的青瓜身上的刺亦然），和孩子们一起用手轻轻触摸，他们就能瞬间领悟何为植物的自我保护与防虫害的抵御机制；当瓜花长出小瓜时，凋谢的瓜花去了哪里，每天浇水的时候引导儿童有意地观察，便能引发许多有趣的讨论；当娇嫩的瓜开始成形，恼人的蜜蜂就会来临，这时可以给儿童介绍网袋的作用，帮助儿童冒着被蜜蜂蜇的风险，爬上高高的瓜棚为小瓜套上保护罩。这些专注于细节的观察，既能加深儿童对不同植物特点及特性的理解，也能让儿童更深体会到动手劳动与变化的关系。

图 5.5

辣椒发芽的时候，儿童会将记录下发芽时间的小木牌立在附近

图 5.6 格桑花开满山坡的时候，教师和儿童一起走近格桑花，开展一场户外写生活动，用画笔记录下这美好的时刻

5.3.3　等待自然馈赠

瞧，一串串晶莹剔透的葡萄悬挂在藤蔓上，阳光透过叶片的缝隙洒下，孩子们兴奋地挑选着熟透的果实。而一串串香蕉更是令人惊叹，数量之多令人咋舌，需要儿童齐心协力才能搬动，这种完整的香蕉果实与超市里分解开的相比，更显得弥足珍贵。还有那大小不一的番茄，孩子们将它们从小到大排列整齐，一遍一遍地数着，他们还一起计划带回家蘸白糖吃……

等待自然的馈赠——丰收，这个充满生机与喜悦的时刻，总能勾起我们内心深处的欢乐与期待。想象一下，当一颗颗种子悄然扎根于土壤，经过时间的孕育，最终结出丰硕的果实，这是怎样的一种满足与自豪。对儿童而言，参与种植的过程固然重要，但真正最期待的无疑是丰收时刻。当丰收的喜悦涌上心头，视觉上的盛宴、味蕾上的满足，以及季节变换的感知，都让种植活动达到了一个完美的顶点。此刻，儿童不仅体验到了劳动的快乐，还对自然界的生长规律有了更深刻的认识。

有仪式感的人生，才使我们切切实实有了存在感。

——洛蕾利斯·辛格霍夫

准备一场有仪式感的收获不容忽视。为采摘南瓜，儿童会热情地吆喝同伴一起装饰南瓜地，为自己准备好摘南瓜穿戴的服装和头饰。正是这种恰到好处的仪式感，可以让儿童真切地感知生命，充分感受到自己的重要和被周围人的关注，并且对美好生活产生期待（见图5.7）。丰收的这一天对儿童来说十分重要，这不仅是当下的满足，还是陪伴他们走向长远人生的美好回忆。

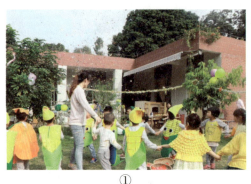

①　　　　　　　　　　　　　　②

图 5.7　儿童为玉米丰收准备的庆典

5.3.4　从农场到餐桌

儿童亲身参与从播种、照料、施肥直到最后收获蔬果的全过程，并用劳动果实制作成美食，赋予了他们强烈的自豪感与成就感，并激发他们对劳动成果的尊重、珍惜和感激。从农场到餐桌，连贯的劳动教育链有效延展了儿童劳动的广度和深度，也丰富和延续了儿童的劳动体验，其背后体现了一种食物循环的理念，使儿童能够成为具有环境关爱和保护意识的人，同时为可持续发展的未来做好了准备。某种程度上来说，从农场的种植物到餐桌上的食物，是将自然、生活和儿童连接在一起的重要方式，儿童也在这种亲身躬行、手脑并用的劳动中实践自己的想法，让真实的劳动实践经验转化为推动儿童终身发展的内驱力。

关于种植需要注意的一些事项

☆植物的选择很重要，可以根据当地的环境及气候选择成活率高的作物。年幼的儿童容易失去耐心，从一些种植周期短、常见的作物开启会更容易。

☆儿童从照顾植物到享用美味的蔬菜，可以深切体会自力更生的内涵。

可以种植一些一年四季大部分时间可以食用的蔬菜，如台湾枸杞、旱地西洋菜等；一些植物在生长过程中，也可以采集其嫩叶和花朵，如南瓜花和豌豆苗就相当美味。

☆植物的选择可以综合考量其繁殖部位、繁殖方式、需光度、生长速率、生长周期、五感特性以及与动物的关系等多方面因素进行设计规划。

☆教师和儿童一样需要鼓励。不要担心种不活，用开放的心态接纳每一种可能性：种子可能不发芽，长出嫩叶容易被鸟儿吃光，新长的瓜果一不小心就会钻进小虫……每个阶段的挑战需要提前做好调查并与儿童一起想办法解决，这恰好是学习的契机。

☆小组种植。个别化的种植带给儿童的经验存在差异，年龄越小的儿童越需要个人的作物，还可以通过制作植物名牌、植物守卫等活动，提升兴趣和认同感。

☆对植物生长周期重要节点展开长期观察，如发芽、长出第一片叶子、开出第一朵花等，这些重要节点的回顾有助于儿童建立植物生命周期的完整概念。

☆在种植活动中，种子是开启种植的神奇钥匙，土壤是孕育植物的温床。儿童对土壤与种子的认识是十分必要的，因此前期不要忽视对土壤和种子的经验引入与支持，而且最好能保证充裕时长和儿童共同探讨，方能在未来漫长的种植体验中获得更为深刻的经验和认识。

5.4　把动物带到儿童身边

把动物带到幼儿园还是带到儿童身边？对儿童来说，了解和感受生命是从具体直观的体验中开始的，而动物能为儿童提供更为直接的体验，为此我们倡导"把动物带到儿童身边"的理念。

　　把动物带到儿童身边，并不是单纯地在幼儿园的某个特定区域内饲养动物，而是通过打破时间与空间上的桎梏，在拉近动物与儿童之间空间距离的同时，更拉近彼此之间的心理距离，真正走进彼此的生活。当然，这在很大程度上取决于幼儿园空间的可用性以及儿童的需求。诸多幼儿园在面临"把动物带到儿童身边"这件事时会产生畏难与担忧情绪，实际上这个问题可以通过对环境的深入思考和巧妙设计解决。

　　此外，还要考量引进的动物品种能否适应当地气候、食物等自然条件，我们提供的"住所"能否体现对动物的尊重，这是一种生物平等价值观的具体体现。动物是朋友还是被圈养的宠物？这是一个需要与儿童一起探讨的话题，价值观会由成人传递给儿童并影响其行为，进而影响其与动物的互动模式。

图 5.8　老师和孩子一起给小鸡称体重

5.4.1　如何将动物带到儿童身边

1. 对幼儿园环境进行整体规划，实现区域联合与互通

幼儿园在思考饲养场地的时候，需要有整体布局意识，对环境进行整体规划。户外场地较大的幼儿园，可以开辟专门的户外饲养区，尽量创设拟真饲养环境，挑选适宜饲养的动物，为儿童在类自然环境中探究动物创造条件。需要注意的是，这里的"拟真"并不是要求完全再现纯天然的自然场景，而是着重强调饲养环境要实现相应的、真实的生态功能。[①] 户外场地紧张的幼儿园，则可以充分利用班级房前屋后的场地进行规划设计。须知，咫尺之间，亦有天地，可以在这里饲养体型较小且蕴含教育价值的动物，类似于乌龟、鹦鹉、蚯蚓等（见图5.9）。还可以布置自然陈列栏、生物角，雨后，儿童可以把鱼和小蝌蚪放在一个缸内，一边饲养一边观察它们的生活状态。[②]

图 5.9

餐后，孩子们一起给乌龟刷刷背，带它晒太阳

---

① 张斌.亲近自然，收获成长：对幼儿园饲养活动的再思考［J］.幼儿教育，2020（C4）：63–68.

② 陈鹤琴.陈鹤琴全集：第 2 卷［M］.南京：江苏教育出版社，2008：477.

　　不妨大胆设想，对儿童来说，沙池难道只能发挥沙水游戏的作用吗？答案显然是否定的。沙池不仅是儿童游戏的乐园，还可以成为乌龟的栖息之所。在阳光明媚的日子里，小乌龟会从沙水中爬出来晒日光浴，一个忙着为乌龟在沙池中搭房子的孩子说："我们的乌龟喜欢晒太阳，晒太阳能让它的身体变得更干净，还能让它的身体暖和，使它动起来的时候更加灵活，但它也需要乘凉，我要给它搭个小木屋，让它既能晒太阳又能乘凉。"随着时间慢慢推移，季节交替变换，当冬去春来的时候，守候在沙池旁的儿童便会惊喜地发现小乌龟正从沙池深处慢慢苏醒……可见，对于乌龟来说，沙池无疑是一处具备生存条件的自然栖息地；对于儿童来说，沙池中生活的乌龟不仅是他们日常生活中照顾的对象，还是沙水游戏中的忠实伙伴。因此，幼儿园在场地运用过程中要敢于打破以往的常规思维，根据儿童的兴趣和需要，灵活思考场地的物质属性，实现饲养、游戏、生活区域等在空间上的相互适配。

2. 选择适宜的动物

　　选择饲养什么动物也是非常重要的问题。首要考量因素必然涵盖儿童的健康与安全状况，以及动物的健康状况和日常照料需求。必须确保儿童在与动物互动的任何时候都不会处于危险之中，而动物也应当得到尊重和合理的照顾。此外，还要特别注意一些儿童的过敏性体质问题，需要提前与其家长充分沟通。以下是基于教育和兽医专业领域为幼儿园挑选动物时的一些指导建议。

◆ 从体型上来看，小动物比大动物更适合。

◆为动物做全面的健康检查，确保其具备健康稳定的身体状态。

◆提前与儿童进行心理建设，一起商讨"照养动物"的注意事项。

◆配备适宜的照养工具和材料，并教会儿童操作使用。

◆定期进行卫生消毒工作。

3．成人的帮助不可或缺

饲养动物的真实性远超其他劳动形式。动物的需求与人一样，在野外环境中它们可以在广袤的大自然里寻求庇护，而当我们热忱地欢迎它们进入人类生活的世界时，就有责任为它们的生存提供必要的支持。如果儿童从小就能目睹真实事物展现的样子，并在外界支持下完成一项需要付出努力的劳动，他们便能够不断累积自己的经验，进而对类似事件做出相对准确的判断评估。学习并坚持照顾动物可以有效激发儿童的自信心，但是离不开成人的协助以及适当的支持，包括提供工具、给予鼓励和制定团体契约等。从某种程度上来说，儿童无法独立承担动物日常生活中全部卫生清理与消毒工作，这就需要幼儿园教师亲身参与其中，这也就需要教师克服一定的心理障碍。

饲养动物时可能用到的一些便于操作的工具：

◆孵化器：购置带透明罩板的孵化器，孵化周期通常为3周左右。

◆保温箱：应挑选带温度、湿度控制或显示屏的保温箱。具备温度显示功能便于儿童观察小动物，进而讨论小动物对环境的需求，也有利于提高年幼动物的成活率。

◆喂食器具：食物盆要比较大并具备一定重量，常见的家禽（如鸡、鸭、鹅等）喜欢刨食，太轻的塑料盆很容易被打翻，也可以在盆里放入一两块重一点的石头。

◆清洁用品：手套、稻草、干沙（鸡喜欢吃沙子且有刨坑需求）、购买环保材料制作的一次性垫子、围裙以及扫把等。

5.4.2　当动物走进儿童的一日生活

1．近距离互动——建立亲密关系

以往幼儿园开展饲养活动，一般会在特定位置设置专门的养殖区域，这样儿童可以不定时地参与给动物喂食等活动，如喂小鸡、捡鸡蛋等，儿童借此能够观察和了解动物的习性，但这是非连续性的，这种与儿童日常活动场所距离太远的互动，使儿童很难与动物建立稳固的联系。反之，动物与植物之间的显著差异在于，在日复一日的互动中，动物可以与固定的人建立起亲密的关系（见图5.10）。

"可爱多"住进了我们班后院！

"可爱多"是一只陪伴着孩子们成长了三年多的母鸡。最开始它生活在农场里，但因为每天孩子们都想去看望它，后来我们便将班级后院的绿化带改造成了一片连接室内外的种植地，同时在附近临近水源的地方搭建了一处鸡舍。还记得鸡舍建好的那天，孩子们兴高采烈地欢呼："'可爱多'就要住进我们的院子啦！"从那天起，吃完午餐的孩子常常三三两两结伴到后院看望"可爱多"，有的还会戴起手套，拔些青菜喂给它。

①　　　　　　　　　　　②

图5.10　鸡舍在儿童活动室的外面，活动室与鸡舍之间有一条走廊及宽一米的木地板，这个中间地带很有必要，可以起到缓冲作用。鸡舍附近配备儿童日常所需的劳动工具，还有师生共同制定的喂养公约，这些元素能促使儿童与动物建立亲密关系。儿童在"种与养"的过程中了解植物、动物的生长过程，理解环境与它们生长的关系

幼儿园既是教育场所也是儿童生活的地方，我们希望儿童可以在对动物的

积极照料中唤醒自身的责任心和服务意识，因此饲养动物最好是发生在儿童身边，在他们目光所及的场所内。这样一来，照顾、观察动物就如每天都需要吃饭、喝水这些生活必需环节一样平常，儿童与动物的连接就会在日复一日的照顾中被唤醒。

2．长时间的相处——持续稳定的浸入式学习

动物进入儿童的生活，一方面需要空间上的有力支持，让儿童能够便利地接近动物，像伙伴一样相处。另一方面，在时间上也需要打破割裂式传统教学活动的局限，实现贴近儿童日常生活需要的劳动过程。儿童在日复一日的照养活动中感受生命的美好，而学习则是感官情感丰沛、饱满后的自然过程。

小猪粑粑观察记

自从上回孩子们发现了"小猪爱在橘子树下拉粑粑"的秘密后，每次来看小猪大家都忍不住去瞧瞧，他们热衷于通过观察小猪的粑粑发现更多的秘密。

"猪大哥体型比较大，所以这个最大的粑粑肯定是它的。"牧遥指着粑粑认真地说道，"猪小弟个头最小，所以它的粑粑都是小小的，它拉不出大粑粑。"孩子们通过观察猪的大小来分辨不同大小粑粑的归属。至于"为什么小猪的粑粑是黑色"这个问题，大家各执一词。有的孩子表示小猪身上有黑色，所以拉出来的粑粑也会是黑色，面对这个推测，筠竹坚决不同意："吃什么才会拉什么，不是因为身上的黑色！"于是，孩子们跑去看食谱，想看看最近小猪都吃了些什么，结果大伙儿却更糊涂了：小猪们吃完的胡萝卜、白菜、苹果、番薯叶，却没一样能在小猪的粑粑里发现！

儿童通过照顾动物，了解它们的需求，进而能区分想象中的需要和真实的生存需要。在长期的照料中，他们克服了对动物与生俱来的恐惧感并发展责任

①

②

图 5.11 儿童给小猪喂水、喂食、挠痒痒

感，在日复一日的交往互动中产生的每个亲密瞬间，为身心发展带来积极的心理影响。这种情感上的交流能够在无形中为儿童减轻压力，缓解孤独感，在必要的时候甚至可以起到慰藉和安抚的作用，建立一种"安静的共享关系"①，真正实现共生、共长。

5.5 大自然的智慧

大自然不仅给儿童带来无尽的期待和惊喜，也在向儿童展现着它的智慧，它孕育了诸多在自然环境中开展劳动的好机会。同时，我们也能看到儿童在大自然发起的挑战中潜能无限。为应对变幻莫测的天气，儿童需要灵活调整对植物、动物的照顾方式，如为植物打伞、自制自动浇水器、为给土壤补充营养开始堆肥……大自然的馈赠，给儿童的想象创作提供了广阔的空间。柠檬桉树掉皮的时候，儿童捣碎树皮制作驱蚊喷雾，将茉莉花制作成手链和香水，当作送给自己最好的礼物……这一切都正是一种取之自然，回馈自然，与自然共同生长、成长的最好见证。以下跟大家分享几则发生在儿童身边的小故事。

自动浇水器可以帮我们在周末照顾植物啦

酷热难耐的夏天，孩子们晨间劳动时就已经大汗淋漓，但这丝毫不会影响孩子们照顾植物的热情。小园丁们一遍又一遍地给新移栽的茉莉花浇水。下午，刚吃完午点的丫丫大喊："不好啦，茉莉花的叶子有点干，还卷起来了，原本长出来的花好像也蔫了。"这个消息一下在班级里炸开了锅。

"这天气太热了，你看我动一下满头大汗，很快就觉得很口渴""茉莉花是不是也觉得太热了，浇太少水了呢""我来，我马上给她浇很多水"。"可是，周末我们不上学，谁给茉莉花浇水呢？"欣欣的灵魂质问，瞬间让大家陷入了新的沉思。

"我们可以周末轮流回幼儿园，还可以请保安叔叔帮忙。"孩子们各抒己见，这时安安提出一个新想法："我在幼儿园的操场上见过喷雾，当很热的时候，保安叔叔就会打开喷雾，那感觉很凉快，我们也可以给茉莉花做喷雾。""是的，加上定时开关，这样就不用担心周末没有人照顾植物了！"旁边的小朋友说完很快行动起来：找维修工叔叔获取喷雾的原材料，到操场观察喷雾线路的设置，请教电工叔叔如何设置定时开关……连续几日，孩子们沉浸在线路设计的调试中，乐此不疲，直至大功告成。

图5.12 儿童利用矿泉水瓶自制的自动浇水器

忙碌的台风天

每年夏天，广州都会迎来台风天。每一次台风前后，都是植物搬迁日，从户外到连廊再到室内之间的往返搬运过程，是孩子们与植物之间温暖拥抱的过程。

孩子们这几天和老师聊得最多的就是台风。"我看了新闻视频，白云区有龙卷风，铁皮屋顶全部被卷到空中。""台风来了，要待在室内不然容易被风吹跑。""我们幼儿园的黄槐树都被吹断了。""那我们刚播种的向日葵小苗可怎么办啊？""我们把植物搬进来就好了，在小班和中班的时候我们就是这么做的。""可是，种在菜地里的植物怎么办呢？"欢欢提出的问题，让班里的"智多星"都过来大显身手了。孩子们说："可以搬的植物搬进走廊，像玉米这种不能搬走的，我们可以插棍子固定，帮助它抵御风雨。""可以给秋葵撑把雨伞。""荷兰豆已经高过雨伞了，可以搭个架子，做成雨棚。"……在长期照顾植物过程中，孩子们积累了许多应对不同天气、环境的经验，培养了爱护、照顾植物的责任心，更学会了珍视和敬畏生命。

图 5.9

为应对台风天，引发了一场植物救援行动，孩子们搬植物并分工有序地收集材料，给植物搭雨棚、打伞等。

图 5.14 儿童用回收的果皮、青菜堆肥，并记录下堆肥小故事

堆肥

植物的收获常常给小朋友带来不可磨灭的美好回忆，那植物源源不断的营养从哪儿来呢？走进小朋友的日常，你会找到线索和答案。

开园了，许多孩子提着一大袋东西往菜地走去，边走边秀出"宝贝"："我在家带来昨晚吃的香蕉皮。""我奶奶说鸡蛋壳也可以堆肥。""这些青菜叶子黄掉了我就带来了。"这一行为引起了其他班孩子的关注并好奇地围拢过来。凑近一看，格桑花班的孩子们戴着手套和口罩，拿上 EM 腐熟菌，一层果皮一层菌，整齐地码进堆肥桶里。一阵阵刺鼻的气味不断涌出，大家却丝毫不受影响，继续着工作。隔壁班的孩子们也陆陆续续带来不少厨余垃圾，交给格桑花班正做堆肥的小朋友们。我好奇地问："这是什么奇怪的气味？""这是发酵的气味，就是里面的果皮、青菜还有很多东西和菌相互作用，大概过半个月就会有黄黄的液体流出来，这就是酵素。植物喝了酵素就会有很多营养，可以长得高高大大的，结很多的果子。"孩子们兴奋地和我讲解着。

堆肥这件小事，已经变成了全园孩子们关注但又很日常的事情。他们总是默契地把家里可以做堆肥的材料带回幼儿园。在日复一日的体验中，环保教育转变成为自觉行动，提升了孩子们对种植物深厚的责任感。

唯有了解，才有关心；唯有关心，才会行动；唯有行动，才有希望。

——珍·古德（英国动物行为学家）

我们认为，只有儿童亲身在大自然中感知、体验、实践，才能获得对自然真切真实的感受，儿童才会更了解自然、关心自然，进而更愿意付出自己的劳动和行动，习得环境保护意识和生态文明意识，促进人与自然和谐共生，共同成长。儿童也正是在这个过程中了解自我在自然中的生态身份和关系，为大自然和人类的可持续发展做出贡献。

第 6 章

社区的力量

6.1 让劳动走向更广阔的空间

社区与家庭既是儿童生活和发展的重要场域，也是幼儿教育的重要组成部分。只有当儿童生活中的人们（如同伴、教师、父母等）帮助他们建立跨环境的联系时，他们的学习和发展才能变得更好。这是因为在广阔的社区中，儿童有更多机会尝试自己的想法，通过与周围的人、事、物建立一定的互惠关系，进而完善自身的知识结构，在体验中获得发展。相较于幼儿园，社区更为开放，其人际关系多元、角色丰富，资源类型多样，文化氛围浓厚，能为儿童提供更广阔的活动场域和丰富的资源，充分支持儿童自由自主的体验和操作。社区如同一座鲜活的博物馆，不仅有花草树木等自然资源，也有充足的场地、空间和设施设备等物质资源。其独特的文化氛围和多元的人际关系，也是重要的教育资源。尤其是社区丰富的人力资源，这是开展儿童劳动教育的重要条件。形形色色的劳动职业与劳动角色为劳动教育开拓了更广阔的空间。我们要打破传统"劳动在课堂"的环境壁垒，[①] 将劳动课堂拓展延伸到社区环境中去，实现与社区的开放性交流。这样一来，儿童可以自主参与社区活动，与社区成员深度互动，悉心观察学习，充分调动其主人翁意识。这不仅能有效弥补儿童在园、在家劳动知识经验的不足，拓展劳动场域和空间，还能实现深度教育的生态连接。

社区和家庭孕育着儿童的成长，儿童是家庭和社区的新生力量，他们是社区、未来社会乃至世界的公民。对儿童而言，赋予其公民身份，是帮助他们构建对世界、社区、家庭的身份认同和归属感。只有当儿童充分认同自己是这个

---

① 胥兴春，姜晓.社区参与：幼儿劳动教育的协同共育［J］.聊城大学学报（社会科学版），2020（2）：107-113.

集体中的一分子时，他们才会心甘情愿地为其做出贡献。儿童亲身参与，通过自己的劳动与环境深度互动，看见自己的劳动成果在社区中留存，感受到自己是"被需要"的，儿童的成就感和自我效能感将不断提升，对其心灵的启迪和影响也会更为持久。

6.2　与社区建立可持续发展联系

社区哺育着一代代新生力量，是儿童赖以生存和发展的重要生活环境。社区资源的有效整合与高效利用，能转化为儿童重要的活动资源。社区资源与儿童发展之间存在着千丝万缕的直接联系。有研究表明，在资源贫乏的社区往往缺乏安全和便捷可及的游乐场所或街道活动空间，导致儿童游戏和户外体育活动的机会显著减少。同时，社区有限的便利设施会影响儿童的身体生长发育。[①]此外，社区环境和资源决定了儿童是否有机会使用材料进行游戏。在开放的社区中，儿童能够体验到更多的新鲜感和刺激感，在没有成年人的监督或控制下，儿童有更多玩耍和选择的余地。[②]由此可见，社区背后的物质资源、文化氛围、关系网络等对儿童的活动和体验有着重要的影响。放眼当下，劳动教育的开展也要重视社区的力量。社区中的劳动资源为儿童更广泛的劳动体验和实践提供了机会，能在一定程度上弥补儿童在幼儿园和家庭中缺失的劳动教育。儿童在幼儿园习得的劳动知识与技能，也促使他们能在更大的社区中主动关注生活中的事物和问题，去尝试、验证自己的想法。不仅是物质资源，社区背后的文化资源更为重要，在开放性和支持性的社区中，儿童能够充分施展自己的"才能"，

---

① KENNEY M K.Child,family,and neighborhood associations with parent and peer interactive play during early childhood［J］. Maternal Child Health Journal，2012，16（Suppl 1）：88–101.

② EDWARDS C P. Children's play in cross-cultural perspective：a new look at the six cultures study［J］. Cross-Cultural Research，2000，34（4）：318–338.

得到成人的支持和鼓励，他们可以获得更大的成就感，感受到"我被需要、我可以做到……"的自豪和满足。

社区支持儿童的成长，儿童也为社区注入新生活力。儿童是社区中的新生力量，是社区重要的组成部分和参与者，为社区持续注入源源不断的能量和想法。他们有责任也有义务为社区做出自己的贡献。无论是为社区过冬的大树和小动物准备小家，还是将自己种植的青菜送给敬老院的爷爷奶奶，抑或是与社区的劳动者一起工作，体验不同的劳动过程……这些都是儿童非常热衷于做的事情。社区中的每个人都能看到儿童对社区的付出，看见他们的劳动成果，这对于儿童深化自我认识，发现自我在社会中的位置，由"我"走向"我们"具有深远意义。

6.2.1 儿童反哺社区

儿童是社区中重要的一分子，他们从社区汲取生长的力量，也在向社区传递自己的力量。一个具有社会属性的居住区域，儿童可以参与社区的建设和维护，表达自身的需求，其力量会呈现润物细无声的样态。儿童在社区中观察外界环境的变化，察觉自身价值，进而主动付诸实践。在力所能及地为社区服务过程中，儿童能逐渐看到自己、发现自己、肯定自己，深化自我认同。这个过程就是儿童主人翁意识、责任心和集体归属感得以培育和塑造的过程。

劳动教育本就不应局限在幼儿园，广袤的天地和多元的世界是儿童最好的学习场所。从某种意义上来说，社区是一个蕴含着丰富学习元素的大型"博物馆"，儿童在社区中的学习本身就是一种广域的社会学习，他们可以近距离观察到不同的劳动角色，产生模仿学习和行动的意识。儿童在社区中建立人与人之间、人与更大的社会之间的联系，而劳动恰好可以成为构建这个联系的桥梁。

儿童为社区做贡献，重点并非他们能做出多少事情和达到什么样的效果，而在于借由反哺社区的实践促使儿童公民意识的提升和积极劳动情感的萌发，这已远超劳动教育带给儿童和社区的意义。

在现实情境中，儿童首先要学会发现社区生活中切实存在的需求，这点至关重要。不过，儿童非常擅长将平日里那些显得"支离破碎"的见闻重组为完整的"剧本"，他们则是完美演绎者。如何支持儿童对社区实现反哺，以下是一些新的尝试。

1. 儿童走进博物馆

儿童博物馆作为一种新型的博物馆形式，被视作当代社会儿童潜在智能开发和早期教育的最新形式与方法。[①] 儿童在博物馆可以尽情地自主游戏、深入探索和学习，进而获得多维度的经验和发展。对于当下幼儿园教育来说，博物馆是重要的课程资源，对课程的组织与实施起着关键性作用。要想在幼儿园建立博物馆仍具有一定的难度，但幼儿园并非无所作为。幼儿园需要树立儿童博物意识，所谓博物意识，就是强调充分利用社区周边各种有效的资源，让周围一切环境、空间和资源都能为儿童的发展服务，让儿童尽可能地广泛感知客观世界，感知人类文化，为儿童提供各种行之有效的方式和途径，让儿童感受和操作。[②] 同样地，劳动教育源于真实生活，开展儿童劳动教育应打破幼儿园与社区之间的樊篱，联通社区空间，带领儿童走进更大的社会。"儿童走进博物馆"是一种双向的概念，儿童不只是被动的知识接受者，更是博物馆资源的共建者、支持者。

从传统视角来看，儿童走进博物馆是接受社区资源植入的一种形式。借由认识社会、接触自然，能够延伸劳动教育的内涵，赋予儿童积极向上的劳动情感，真正以劳动教育引领儿童全面发展。例如组织儿童参观社区农博馆，农博馆的实物性和直观性是幼儿最好的经验来源，儿童能够近距离领略农耕文化的

---

① 秦新华，陈幸娅，李竹 . 人类早期教育智能开发的最新形式：儿童博物馆 [J] . 中国生育健康杂志，1997（1）：30–32.
② 虞永平 . 儿童博物馆与幼儿园课程 [J] . 幼儿教育，2010（10）：7–9.

魅力，体悟人类文明的伟大，感受大自然的神奇。儿童可以了解国内知名的水稻专家的事迹，学习劳动者身上的吃苦耐劳、坚持不懈等优秀品质，培养尊重劳动者的意识，提升劳动素养，促进积极劳动情感的自然生成。儿童亲历从播种到丰收再到品尝的完整过程，在亲身体验的过程中感悟珍惜粮食、珍视劳动成果的道理。

◆带儿童走进博物馆前，先与儿童一起讨论博物馆内都有什么，充分调动儿童的积极性。

◆儿童的感受、体验和实际操作比认知更为重要，这是培养劳动情感的重要基础。

◆和儿童一起多次回顾在博物馆的经历，引导儿童将习得的劳动经验迁移至生活中。

然而，从儿童视角出发，"儿童走进博物馆"不仅仅单纯指向以往概念中社区资源的植入，还为我们提供了另一种思路：儿童友好理念，不仅是态度，更是行动。社区作为一直以来的资源供给者，能看到儿童行动带来的价值与意义是关键一步。一位秉持"反哺社区，儿童友好"理念的教师这样说道："从前，我们希望带孩子们去博物馆获得知识，现在我们更希望我们的孩子也能参与博物馆的建设。要知道，孩子们是天生的科学家与创造者！"于是，一场由儿童发起的博物馆展览——小小"艺术家"的"豆世界"，正式拉开帷幕。

小小"艺术家"的"豆世界"

★为博物馆送荚果植物

春天，是一个充满惊喜的季节，玉泉山上有毛茸茸的猫尾木荚果，卷卷的大叶相思荚果，还有硬邦邦的洋金凤荚果。孩子们不禁回想生活中还见过哪些荚果呢？荷兰豆、豌豆……原来很多豆子都有荚果。周末，孩子们也到菜市场、公园、超市寻找各种各样的荚果。景皓在妈妈工作的博物馆里也发现了荚果，但只有 3 种。孩子们找到的荚果比博物馆的荚果还丰富呢！于是孩子们提议将大家收集到的荚果也放到博物馆里，那博物馆的荚果就更加丰富了。

★向社区博物馆申请展柜

由樱桃大班的四名儿童为代表，与农博馆馆长进行交谈，表达他们想举办"荚果展览"的愿望，成功申请了一个空置展示厅。

★绘制展览海报，加大宣传力度（见图 6.1、图 6.2）

★为荚果标本制作标签、说明（见图 6.3）

图 6.1

博物馆展览系列活动之小小"艺术家"的"豆世界"

图6.2 儿童制作的荚果介绍海报

　　有参观博物馆经验的孩子们说："我们的荚果标本需要有标签，让别人能清楚地知道荚果的名字；同时需要写上地点，因为不同的荚果是在不同的地方发现的；最后还要写上樱桃班的标志，这样才能代表是我们发现了它。"

　　★在博物馆中亲手将荚果标本陈列展出

　　对孩子们来说，那天注定是不平凡的一天。他们兴高采烈地奔向了博物馆的"荚果展厅"，亲手将自己在自然中发现的"宝藏"展示出来，那种历经了时光沉淀、凝结了所有人心血的成就感溢于言表。

　　★小班弟弟妹妹们也接受了邀请，参观了来自幼儿园的第一次自然科学展览（见图6.4）

　　孩子们的"荚果之旅"还在继续，与博物馆的合作也才刚刚拉开帷幕。正如海报上所说，奇思妙想是儿童的底色，孩子们正式从"观众"变成"创造者"，带着自己的劳动成果以新的身份走进博物馆，生动而富有生命力的儿童之声在无声的展览中得以唱响，这既是一次儿童走进博物馆的新尝试，也是活泼与沉寂的碰撞，更是想象力与自然的交融。

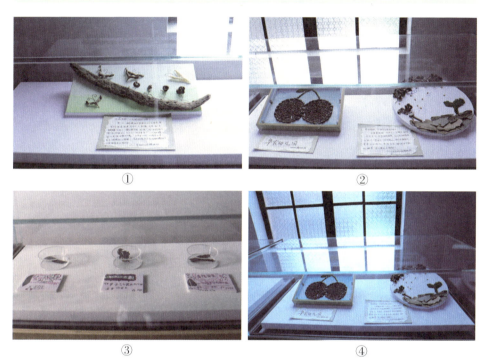

图 6.3　儿童收集的各类荚果陈列在博物馆，儿童为其做好标签和相关的科普介绍

图 6.4

由儿童自主发起的荚果宣讲活动，小班弟弟忍不住感叹道："哥哥太厉害了，找到了这么多荚果，我从来没见过！"

2．儿童亲近大自然

行道树是社区自然生态环境中常见的元素之一，发挥着调动五感，丰富自然空间的作用，这些植物的背后往往也蕴含着地域植物文化、地理因素等科学知识的输出，如羊城广州的行道树常会选择羊蹄甲、榕树、黄花风铃木、木棉等，这些植物发挥着生态职能的同时，也是南国环境的文化特色标志，无形中发挥着传播地域文化的深远作用。然而，现实社区环境中的行道树往往缺乏基础的指引性、科普性标志，这对初入社区的新成员尤其是儿童来说，它的功能将局限于绿化本身。一棵树是否值得被看到？这是值得深思的问题，但答案无疑是肯定的。

为大树做铭牌

周一的早晨，大班的哥哥姐姐带着小班的弟弟妹妹在校园里漫步。在途中，他们发现靠近园区路边的行道树冒出了鲜绿的嫩芽，还有的开满了黄色的花，却没有人认识它们。

接着，他们向小班的老师、弟弟妹妹求助，结果失败而归。于是，他们萌发了为行道树制作铭牌，科普植物知识的想法，为路过的人都能提供一份便利。这一想法立刻获得了老师的支持，他们开始行动了，过程中遇到了以下问题：

第一，这些行道树由谁管理。

第二，写一封"为行道树制作铭牌"的申请书（见图6.5）。

第三，如何与校园管理人员沟通。

第四，铭牌如何呈现。

在解决这些问题的过程中，儿童是主要决策者。从寻求父母帮助找到行道树的管理人员开始，儿童积极探索着解决问题的方式，图文并茂地呈现一封申请书，并前往社区相关部门找到环境管理科人员举行一场"面对面校园环境会议"，儿童一步一步力所能及地推进着"为行道树制作铭牌"的议题，而令人感到欣喜的是，环境管理科的相关负责人也积极予以回应。这种人与人、人与环境的关系体现了一种可持续发展教育理念，这种关系引发儿童、教师、社区工作人员甚至环境中的每个人都积极地反思和回应自己与自然界的关系。

图 6.5

儿童向环境管理科写申请书申请为行道树做铭牌

对于儿童来说，为大树做铭牌是作为社区主体获得参与决策权利、建设社区环境的一次尝试。

◆ 安全、可实践是首要因素。要考虑距离问题，选择一片儿童熟悉的、距离幼儿园较近的树，不仅能连接儿童日常经验，还能保证儿童的活动安全。

◆ 营造儿童语境，重塑儿童权利和责任。一方面，儿童经过实地考察与调研后，将以社区成员的身份向社区环境管理部门提出"为大树做铭牌"

的倡议，并通过与管理部门的正面沟通获得批准；另一方面，站在儿童友好视角上进行构思，鼓励儿童现场创作，通过具体活动为儿童创造赋权，儿童通过涂画、拼贴、微场景创作等途径表达自己对社区美好自然环境的创作设想，在获得深度自然体验的同时实现其创造性劳动价值。

◆ 家长力量赋能。对儿童来说，家长是最可靠的合作伙伴，安全、友善、文明的社区环境，需要家长参与进来，共同创建。

①

②

图 6.6

儿童和家长一起为行道树挂铭牌

6.2.2　社区资源扩展劳动教育空间

1. 筛选社区劳动资源的原则

（1）资源的安全性

《幼儿园教育指导纲要（试行）》明确提出"幼儿园应与家庭、社区密切合作，与小学相互衔接，综合利用各种教育资源，共同为幼儿的发展创造良好的条件"[①]。资源的受众是教师和儿童，因此筛选的首要原则是安全性，只有是安全无毒的资源，才能供教育教学使用。安全性不仅需要考虑当下儿童使用资源的安全，也应考虑到资源对于儿童长远发展的影响。

（2）资源的适用性

社区资源的种类及数量庞大，要选取什么样的资源，做好价值评估是重要的一步。首先植根于当地环境和本土文化，选择贴近儿童真实生活的资源，这样对他们来说，更具有生活和社会意义；其次，判断资源是否适用，能否较好地辅以活动的实施；最后，依据资源本身特性、劳动教育的需求、儿童的年龄特点和发展需求，做出综合性的审议和判断。如果有条件，最好是联合多方（家长、教师、专家等）评估，保证其科学性和全面性。

（3）满足劳动教育的需要

社区资源是幼儿园课程内容来源之一，然而并不是所有的资源都能为课程或活动所用，我们应该结合教育教学计划和安排，分析社区资源背后蕴含的教育价值或课程元素。劳动教育强调身心参与、手脑并用，因此在劳动教育课程资源的内容选择上要注意为儿童提供亲历实际、参与劳动的机会。[②]社区中的人物角色、各类事件、事物等都是劳动教育可选择的资源，只有资源适合、满

---

①　教育部基础教育司.《幼儿园教育指导纲要（试行）》解读［M］.江苏：江苏教育出版社，2001：30.

②　彭晓辉，曾雪，欧阳修俊.劳动教育课程资源的开发与利用［J］.教育观察，2021，10（43）：44–46.

足劳动教育的需要，才能为劳动教育高质量实施提供资源保障。

（4）基于儿童的兴趣

无论什么资源，只有儿童感兴趣的资源，才能发挥出更大的作用和价值，成为儿童真正学习的来源。在资源筛选前，可以与儿童沟通，或者观察儿童在活动中的行为表现，提前向家长了解，发现他们的兴趣点和话题。

2. 绘制一幅社区劳动资源地图

儿童的劳动来源于生活及周边的生活圈。劳动教育的开展需要充分联系儿童已有的生活经验，关注儿童的兴趣和需求，贴近真实的生活和自然选择适宜的资源。在筛选种类丰富和庞大的社区劳动资源后，我们发现资源从被挖掘到作用于儿童还需要一个过程，如何促进儿童在资源中获得浸润、成长，如何最大化利用社区资源？这是我们一直在思考的问题。

地图，给了我们新的思路。地图在我们的日常生活中随处可见，从儿童熟悉的寻宝图、游园图到幼儿园中的植物分布地图、美食地图、中国地图，它还在儿童的绘本故事中扮演着重要的角色，如绘本故事《比利去寻宝》中描述的就是小仓鼠比利拿着爷爷的一张"藏宝图"，和好朋友蚯蚓一起勇敢冒险，找到宝藏的故事。儿童能通过地图上的符号理解个体、空间和地图的关系，如托马斯在幼儿园的什么位置，在地图上可以用"火车头"的符号表示。

儿童绘制一幅社区资源地图，既充满挑战又富有无限创造的可能。儿童可以通过地图理解周围的社区环境，用自己的符号来表征空间的事物以及它们之间关系的图形，是儿童表征空间方位的方式。儿童将社会生活中遇到的真实问题与地图融合，将生活中的复杂空间关系可视化、具体化，可见，对于儿童来说，地图不仅是其打开眼界、认识世界的一种媒介，还是一种教育教学实施技术，不仅为教师对活动的构建与实施提供了清晰的理念和可资利用的技术，还能帮助教师深入了解儿童，洞悉和把握劳动内容、社区资源，构建儿童友好型学习环境。值得一提的是，社区劳动资源地图能发挥整合幼儿园劳动资源与总结儿童劳动经验的作用。试想一下，当我们与儿童讨论"幼儿园的周围有什么"的话题时，大家一定会发挥聪明才智将自己最熟悉的酸奶店、冰淇淋店、蛋糕店、超市统统纳入地图，这些儿童既熟悉又富有生活气息的场所里蕴含着多种多样的劳动角色，儿童也能通过回忆表达自己曾经在这些地方的有趣经历，为今后的社区服务、社区活动奠定坚实的基础。

图 6.7

儿童自主绘制的班级门前屋后劳动地图

　　教师、儿童、家长和社区共同参与，吸纳筛选社区周边可用的场地、自然及文化资源，呈现资源的特性以及课程化利用的可能，以多种形式进行表征，最终呈现一幅社区劳动资源地图。社区劳动资源地图的建构，并非单纯意义上的绘制地图，而是根据儿童劳动教育的需要，梳理与开发社区劳动资源，多主体、多形式、多层次地逐步呈现资源多方面信息的过程，是一个开放的、动态的、不断丰富与完善的研究过程。①

① 张琼.幼儿园"多维课程资源地图"内涵与价值的研究［J］.江苏教育研究，2020（25）：36-40.

图 6.8

儿童与教师一起对环境和资源进行调查分析，生成一幅园区整体劳动地图，地点附近配有相应的劳动内容，并就近提供适合的劳动工具

（1）多视角绘制劳动资源地图

社区资源地图本质上是一张地图，那必然少不了对基础位置和范围的分析，主要是呈现地点、资源和距离。首先，我们采用的办法是以幼儿园为中心，对方圆1千米、3千米、5千米左右的直径范围内的资源进行调查、分析和收集。其次，将资源分成自然资源、场馆资源、文化资源等类别，并用不同的符号或颜色进行标注。在地图上绘出关键资源的名称和样貌。例如，幼儿园附近有一所农博馆，那可以在地图上画一个微型农博馆，并标注上名称，用符号注明农博馆属于场馆资源。

基础版的社区劳动资源地图雏形呈现后，需要继续依据地图的使用对象进一步细化地图的内容。地图的受众一般来说主要是儿童、教师和家长，因此在地图绘制时，我们研制了儿童版本、成人版本和师幼共创版本的社区劳动资源地图。

◆儿童版本地图。我们会以儿童喜爱的可爱风格进行绘制，一般使用卡通型的手绘图或者儿童自己绘画的图片作为重要参考。重要的是，我们一般会在儿童版的地图上留白，目的是给儿童留有一定的创作和表达空间，让儿童自己不断丰富这幅地图。

◆成人版（教师和家长）的地图。我们更关注地图的有效指引和参考的价值。在地图上会增添一些必要的补充链接和图示，包括适宜出行的方式、适合游玩的季节和时间、可以支持儿童获得哪些方面的经验和一些适宜开展（亲子）活动的地方，这样更便于教师和家长提取、筛选与利用资源。

◆师幼共创的地图。教师和儿童提前一起了解、熟悉和筛选资源，教师需要做好资源背后的价值分析，思考能为儿童提供何种经验，能促进儿童什么样的发展，儿童提出自己的兴趣和需求，帮助教师筛选资源。教师负责地图框架的绘制，以及资源所在的位置，后续地图的细化则由儿童完成，儿童可以加入自己的设计和想法。

（2）多元化调整劳动资源地图

社区劳动资源地图并非一成不变的，而是一个不断动态优化的过程，每个主体都是地图的再设计者。地图 1.0 版本生成后，在此基础上使劳动资源地图转向更清晰、更立体、更多元。

第一，劳动资源地图 1.0 版本大多是平面图片呈现，但随着对资源的深度利用，可以逐渐转变为立体式地图，从平面空间转为立体空间，儿童可以利用多种自然材料和黏土等，将自己的想法和感受表征在地图上，将平面的资源变为具象的可操作样式，儿童能直接体验和操作，与地图产生更深层的互动。这不仅能帮助儿童认识社区的整体空间布局，也能更清晰地了解资源所处的分布位置，提升儿童对地图的感知，还能使社区劳动资源地图变得更加鲜活和生动。

第二，教师可以依据劳动教育活动不断完善资源的应用。在地图 1.0 版本生成后，地图发挥的只是基础性框架指引的作用，随着社区劳动实践的不断开展，活动的内容更为丰富，资源最终也是需要落实到"利用"上，因此有必要对地图中的每个资源逐一击破，循序渐进地完善和扩展相关经验，使整个地图更具有实操性和应用性。

第三，劳动资源地图除了主体性劳动教育资源的分析，还可以适当增补一些资源介绍、相关注意事项或儿童语录等；例如，家长可以从安全等角度补充社区外出资源利用的安全注意事项；教师可以将儿童的语录记录在资源附近，呈现儿童的劳动实践活动痕迹，增添地图的趣味性。

6.3　与家庭建立友好联系

6.3.1　支持家庭的每个成员将儿童的劳动与发展联系起来

每个家庭都值得被关注，家庭背后的文化背景值得深度考量。家庭环境、家庭教养方式、家长认知与儿童劳动教育有着直接的关系，一定程度上影响家长对儿童劳动的态度和做法。"你还小，你还不会，你只要好好学习就好了，其他的你不用做……"这些话语在家庭中一定耳熟能详。这种"重智轻劳、生活代劳"的现象比比皆是，家长劳动教育观念的落后，使儿童劳动实践出现了偏差，认为劳动会耽误儿童的学习，以致儿童失去大量动手的机会。家庭都在努力为儿童创造更好的生活环境，然而忽视了生活中虽小却尤为重要的小事，把儿童逐渐养育成了温室里的花朵。然而我们应该想想，参与劳动就一定阻碍儿童的发展吗？是浪费时间且没有益处的事情吗？

儿童劳动的过程，也是体验生活、探索周围世界的过程，在这个过程中，儿童保持着天生的好奇心、对周围事物变化的感知力。尽管如此，他们仍然需要来自成人的鼓励，支持并引导他们保持探索与发展的劳动精神。儿童的学习并不是通过他人告诉或传授关于周围世界的奥秘，而是通过自身的体验、实践架构对这个世界的认识，儿童需要的是能够支持他们自主活动的成人。但往往大部分的成人对成为一名"无声的支持者"这件事并不在行。他们可能理所当然地将注意力和精力集中于安全、卫生等其他方面。他们可能会认为，儿童不应该参与收拾陶瓷碗筷、打扫卫生间之类的劳动，反之可能会一而再、再而三地叮嘱儿童远离水龙头或水泵，希望儿童保持双手洁净，不要弄脏自己的衣服。或许他们认为只有这样才算是尽到成人的教养责任，但往往儿童的学习和发展机会便在过度的"保护"中消失殆尽。我们鼓励家庭里的每个成员化身儿童生活中充满力量的伙伴，并将自己视为儿童在劳动中的有力促进者。如何支持家庭的每个成员将劳动与儿童的发展联系起来，或许以下能为你提供一些思路。

◆ 家长职业角色和劳动内容的不同，本身就是一种隐形的劳动教育资源，儿童可以了解到不同的职业和工作内容，在亲身观察和体验中与生活联系起来，丰富对周围世界的感性认识，完善劳动知识经验。家长榜样的示范，是儿童模仿学习的来源，儿童也在亲身观察中萌发积极的劳动情感。

◆ 家长结合自身的专业优势或特长，进园进课堂，带儿童走出去，开展相关劳动实践活动（环境设计、课程实施、植物维护、家长义工⋯⋯）。

◆ 带儿童走出去，参与多种形式的劳动实践活动，帮助儿童搭建与自我生活、家庭生活和社会生活的桥梁，拓展儿童生活世界的版图，在真实的劳动实践中逐步养成积极的生活方式。

◆ 充分发挥祖辈教养优势。祖辈不仅拥有丰富的生活经验与生活技巧，而且有充裕的时间可以与孙辈一同劳动和游戏，弥补和完善儿童在父母与教师那里缺失的劳动知识经验和体验。

6.3.2　营造温暖的家庭劳动场域

前面我们提到，幼儿园致力于创设劳动环境，让儿童在真实的生活和劳动情境中，在亲身的劳动体验和实践中发展自我。如果说幼儿园是劳动教育的主要阵地，那么家庭是劳动教育最初始的场域。孤立的幼儿园劳动教育难以取得实质性成效，必须与家庭和社区合作才能真正将劳动教育落到实处。幼儿园、家庭、社区既是落实幼儿劳动教育的责任主体，也是实施儿童劳动教育的三大场域，三方协同推进儿童劳动教育具有重要意义。[①] 在家庭中，我们更偏向于用"场域"这个词来形容，因为我们更重视家庭中成员间的友好关系以及和谐的家庭氛围。劳动并非一件任务型的事件，儿童可以自主做选择，自主安排自己的生活，并享受劳动带来的成就感和自信心，是充分适合儿童的。除此以外，家长温暖的态度和支持更为重要，大胆放手，鼓励儿童参与力所能及的劳动，

---

① 徐东，程轻霞，彭晶.幼儿园、家庭、社区协同推进幼儿劳动教育的意义与路径［J］.豫章师范学院学报，2021，36（6）：50-55.

而不是一味地替代和包办，允许儿童试错和失误，自己获得思考纠正的能力。
以下是我们提供的一些参考性建议：

◆ 家长和儿童一起制定适合自己家庭和儿童力所能及的劳动清单；

◆ 可以在家里能利用的角落，种植物或养小动物，丰富儿童的动手体验，
亲历真实的劳动情境；

◆ 以游戏的方式与儿童一起参与劳动；

◆ 家长应是一位无声的支持者和旁观者（观察，而非无所事事），必要
的时候传授儿童经验或给予支持；

◆ 儿童遇到难题的时候，不要阻碍或停止他们的进程，留有一定的空间
和时间，交由儿童自己去解决。

6.3.3　不要小瞧家务这件事

家务劳动虽小，却是儿童最早最常体验的劳动形式。儿童在家里参与家务
劳动，不断熟悉家庭环境及家庭生活，认识自我在家庭中的重要发展位置，也
在劳动中不断建立自我的责任感和归属感。同时，家庭是儿童劳动观察模仿学
习的重要场域，家庭中多样的劳动角色，能直接给儿童起到榜样示范的作用，
进一步激发儿童在躬亲力行的实践中认识劳动，理解劳动。家务本身并不是一
件难事，但如何让儿童在家务劳动中感受到快乐，如何引导儿童投身到家务中
去，是很多实践者困扰的问题。关于家务劳动的形式，我们在开展家务劳动实
践的过程中，看到了儿童基本活动的游戏性特质。以游戏化的形式展开具体的
劳动，如"爱干净的小猫咪"，以游戏、故事的形式导入"餐后擦嘴巴、擦脸、
收拾碗筷、清理桌面"的劳动内容，儿童会更投入。

为此，我们可以做一些尝试。例如，依据不同年龄阶段儿童的发展水平和
需求，为家长提供一些实操性的家务劳动指引。它可以指引家长指导儿童参与

家务劳动并跟踪记录情况。倡导家长为儿童提供动手机会，鼓励儿童承担力所能及的家务劳动，如倒垃圾、擦桌子、摆碗筷，儿童习得基本的生活技能，提高自理能力，增强责任感。另外，幼儿园还可以通过家园联系栏、班级联系群等宣传平台，为家长提供家务劳动指引，指导家长在儿童一日生活中运用儿童化的语言和游戏的口吻，用儿童感兴趣的方式开展家务劳动。

1. 使用言语鼓励

家长可以在风险较低的小事上重复鼓励儿童独立做事。耶鲁大学心理学及儿童精神病学荣誉教授凯兹丁（Alan E.Kazdin）建议家长可以让儿童独自做家务，让他体会到一种"能做、会做"的感觉，鼓励儿童越早独立越好。家长首先需要反复教儿童劳动的安全技能，其次协助或者在一旁监督儿童劳动的整个过程，最后逐渐"淡出"儿童家务劳动全过程。当然，在使用言语鼓励儿童的时候，要鼓励到具体的方面，如"你耐心地把椅子摆放得特别整齐"，而不只是停留在"你真棒、你真厉害"之类的夸奖上。

2. 赋予儿童认领"任务"的权利

不论是儿童还是成人，都会有喜欢或者不喜欢的事情，家长可以定期举行家庭会议，赋予儿童参与家庭日常事务决策的权利，共同列出家务清单，让儿童自主选择其中的几样。同时，多传递积极的家务态度，激发儿童做家务的内在能动性。

3. 将家务形象化、游戏化

家长可以按照儿童喜欢的动画形象或游戏、绘本里的形象将家里的物品形象化，营造特定的游戏氛围，进而实现家务游戏化。比如，当孩子乱扔垃圾不愿意清理的时候，可以这样告诉孩子："垃圾桶是专门吃垃圾的小神兽，只有把垃圾扔进垃圾桶，神兽才能力量满满哦！"当孩子不会使用拖把擦地的时候，还可以这样说："让我们一起玩拖把公交车的游戏吧，拖把不能离开地面，地面上的乘客才能搭上拖把公交车一起离开哟！"长此以往，儿童会更加喜欢做家务，乐于完成家务劳动。

4. 克制家长自身的期待和避免过度帮助

家长在陪伴儿童做家务的过程中，要克制自己的过度期待。要知道，他 /
她还只是儿童，他们的生长特性与规律决定了他们没有办法按照成人的标准完
成家务劳动。当过度期待产生时，家长便会对儿童的劳动产生要求，要求没有
达到时便会产生消极的影响，长期下去也会挫伤儿童做家务的积极性。与此同
时，家长还要克制自己强烈的"帮"的欲望，有时候，"不恰当的帮助"也会
成为儿童成长的负累。

5. 陪伴儿童进行及时的"总结复盘"

家务这件事并不是做完就结束了，为了实现儿童积极参与家务劳动，萌发
更深厚的责任意识的目标，应该在事后及时进行复盘、总结。这时候，可以明
确表扬儿童劳动时的优点，并且与儿童一起讨论如何能把这件事情完成得更好，
帮助儿童建立更加清晰的自我认知，培养儿童独立做事的自信。

参考文献

［1］贺红芳.与孩子们共同生活：幼儿教育的原点［J］.科教导刊（下旬），
　　 2015，240（24）：130–131.

［2］沃尔什.幼儿园户外游戏环境创设［M］.侯莉敏，等译.北京：中国轻
　　 工业出版社，2022.

［3］王建平，郭亚新.蒙台梭利环境教育思想与儿童发展关系的理论建构［J］.
　　 比较教育研究，2016，38（11）：55–59.

［4］郭姗.从“自发”到“自觉”：回归生活的幼儿园劳动教育［J］.教育
　　 科学论坛，2020（26）：64–68.

［5］吴洪亮，孙小晨.儿童与自然的断裂与联结：兼论劳动教育的当代价值［J］.
　　 绥化学院学报，2016，36（2）：105–108.

［6］李秋霞.例谈指向真实情境下深度实践的劳动教育［J］.教学月刊小学
　　 版（综合），2021（9）：55–57.

［7］肖绍明.劳动教育的生态自然观［J］.教育研究与实验，2021（3）：13–19.

［8］奈尔，多克托里，埃尔莫尔.重新设计学习和教学空间：设计利于活动、
　　 游戏、学习、创造的学习环境［M］.林文静，译.北京：中国青年出版社，
　　 2020.

［9］虞永平.劳动是幼儿综合的学习［J］.今日教育（幼教金刊），2019（2）：
　　 8–10.

［10］蒙台梭利.蒙台梭利早期教育法［M］.北京：中国发展出版社，2006.

［11］张斌.亲近自然，收获成长：对幼儿园饲养活动的再思考［J］.幼儿教育，2020（C4）：63–68.

［12］陈鹤琴.陈鹤琴全集：第2卷［M］.南京：江苏教育出版社，2008.

［13］胥兴春，姜晓.社区参与：幼儿劳动教育的协同共育[J].聊城大学学报(社会科学版)，2020（2）：107-113.

［14］KENNEY M K. Child，family，and neighborhood associations with parent and peer interactive play during early childhood［J］. Maternal Child Health Journal，2012，16（Suppl 1）：318–338.

［15］EDWARDS C P. Children's play in cross-cultural perspective：a new look at the six cultures study［J］. Cross-Cultural Research，2000，34（4）：30–32.

［16］秦新华，陈幸娅，李竹.人类早期教育智能开发的最新形式：儿童博物馆［J］.中国生育健康杂志，1997（1）：30–32.

［17］虞永平.儿童博物馆与幼儿园课程［J］.幼儿教育，2010（10）：7-9.

［18］教育部基础教育司.《幼儿园教育指导纲要（试行）》解读［M］.江苏：江苏教育出版社，2001.

［19］彭晓辉，曾雪，欧阳修俊.劳动教育课程资源的开发与利用［J］.教育观察，2021，10（43）：44–46.

［20］张琼.幼儿园"多维课程资源地图"内涵与价值的研究［J］.江苏教育研究，2020（25）：36–40.

［21］徐东，程轻霞，彭晶.幼儿园、家庭、社区协同推进幼儿劳动教育的意义与路径［J］.豫章师范学院学报，2021，36（6）：50–55.